人邮体育

"人邮体育"是人民邮电出版社旗下品牌，立足于服务体育产业、传播科学知识，与国家体育总局体育科学研究所、美国国家运动医学学会、HUMAN KINETICS等众多国内外领先的行业机构、出版机构建立了广泛的内容合作和市场合作。出版领域覆盖大众健身、青少年体育、专业体能、运动专项、武术格斗，以及益智、棋牌等其他休闲活动，致力于为广大运动爱好者及体育产业从业人员提供丰富多样的全媒体知识服务产品。

与 我 们 联 系

✉

联系邮箱：rysport@ptpress.com.cn

如果您对本书有任何疑问或建议，欢迎您发送邮件给我们，并请在邮件标题中注明本书书名以及ISBN，以便我们更好地为您服务。

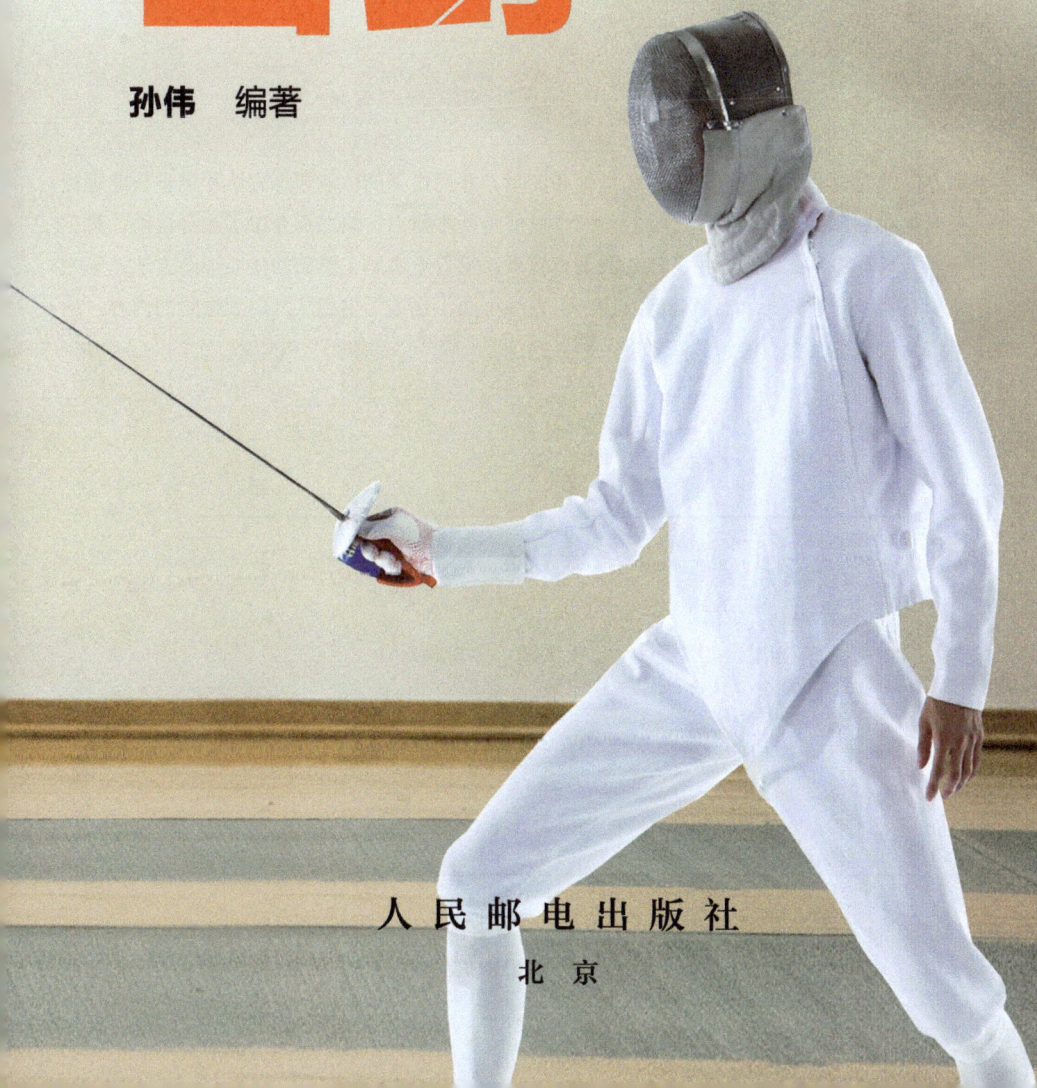

· 全民健身精品课程 ·

跟冠军学

击剑

全彩
图解视频
学习版

孙伟　编著

人民邮电出版社

北 京

图书在版编目（CIP）数据

跟冠军学击剑 ： 全彩图解视频学习版 / 孙伟编著
. -- 北京 ： 人民邮电出版社，2022.6
（全民健身精品课程）
ISBN 978-7-115-57998-0

Ⅰ．①跟… Ⅱ．①孙… Ⅲ．①击剑－基本知识 Ⅳ.
①G885

中国版本图书馆CIP数据核字(2022)第070239号

免责声明

内 容 提 要

本书由全国击剑冠军孙伟亲自进行动作指导和演示，并对击剑的体能训练方法和进阶技能进行了讲解。全书共六章。第一章介绍了击剑的起源、发展与基本特点，第二章介绍了热身运动，第三章介绍了佩剑的基本功，第四章介绍了佩剑的基本技术，第五章讲解了佩剑的体能训练方法，第六章介绍了佩剑高手进阶经验。本书内容深入浅出，系统全面，涵盖了击剑从入门到进阶的内容，适用于青少年击剑入门学习者、击剑爱好者以及击剑教练。

◆ 编　著　孙　伟
　　责任编辑　李　璇
　　责任印制　周昇亮

◆ 人民邮电出版社出版发行　　北京市丰台区成寿寺路11号
　　邮编　100164　　电子邮件　315@ptpress.com.cn
　　网址　https://www.ptpress.com.cn
　　固安县铭成印刷有限公司印刷

◆ 开本：700×1000　1/16
　　印张：9.75　　　　　　　　2022 年 6 月第 1 版
　　字数：196 千字　　　　　　2025 年 9 月河北第 11 次印刷

定价：99.00 元

读者服务热线：(010)81055296　印装质量热线：(010)81055316
反盗版热线：(010)81055315

视频使用说明页

本书提供部分动作练习的在线视频，您可通过微信"扫一扫"，扫描书中的二维码进行观看。

Step1： 点击微信聊天界面右上角的"+"，弹出功能菜单

Step2： 点击弹出的功能菜单上的"扫一扫"进入该功能界面

Step3： 对准书中二维码进行扫描

（打开微信"扫一扫"）

（通过微信"扫一扫"扫描书中二维码即可观看在线视频）

- 如果您已关注微信公众号"人邮体育"，扫描后可直接观看该动作练习对应的在线视频。
- 如果您未关注微信公众号"人邮体育"，扫描后会出现"人邮体育"的二维码。请根据说明关注"人邮体育"微信公众号，并点击"资源详情"，即可观看视频。

目录
Contents

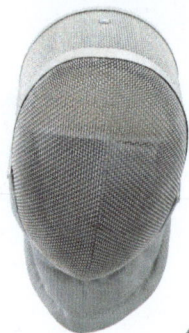

第二章

热身运动

第三章

佩剑基本功

第四章

佩剑基本技术

佩剑高手进阶

序

不做别人眼中的冠军，
做问心无愧的自己

大家好，我是孙伟，出生于江苏徐州，2003年，为了以体育特长考学，家人安排了哥哥去练击剑，让我也去练练以增强体质，没想到，我意外被选入了徐州市少年儿童体校击剑队。

我的启蒙教练路通，对我们很严格。因为从小体质比较弱，身体素质比较差，刚开始练的时候，我完全跟不上，甚至每次跑400米的时候，都很难达标。每次坚持不住想要放弃的时候，队友总会给予我很大的力量，有的转身鼓励我，有的甚至会推我一把，正因为他们的这种力量，让我知道自己不是一个人在战斗，在每次想要放弃的时候坚持了下来……虽然很累，但一次次的突破，都让我变得更强。经过两年时间的严格训练，我终于有机会去到更高的舞台了。

2005年，我到了江苏省的少体校，开始进行半职业化的训练。刚进入江苏省击剑队的时候，训练量都跟不上，甚至因为调皮被退回去过……即使在那个时候，路教练也没有放弃我，不仅对我进行能力上的训练，在营养方面也非常重视。因为我血色素比较低，进行高强度运动就会头晕，路教练每天骑着他的小摩托车，带我去吃动物的肝脏、菠菜等来补身体。现在想起来，我心里还是充满了感动。

2008年，我的偶像仲满拿到了中国第一个男子击剑冠军。那一年，我16岁，刚刚进入江苏省击剑一线队，那时候感觉奥运会离我还很遥远，因为普通运动员需要至少在省队磨炼几年，拿到全国冠军，才有机会去国家队集训。

但特别幸运的是，当时国家队来省队备战，国家队主教练鲍埃尔来江苏队看训练时，一眼相中了我，将我破格提拔进国家队。当时感觉自己的人生像开挂了一样，也第一次开始幻想参加奥运会，幻想五星红旗因我升起。

那时候的我拼劲十足，处处想争第一，无论是实战训练还是体能训练，在任何项目中都不允许自己落后，成绩自然也是突飞猛进。当时的同龄人中，几乎找不到对手，我觉得自己在向着奥运会的门大步前进。

然而2009年，我却在重症监护室被医生告知，以后不能再从事竞技体育了。短短一年时间，我像坐了个云霄飞车一般，从人生顶端，直落谷底。好不容易要到"王者"了，结果被"封号"了。

当时，在一次日常的折返跑训练中，我突然听到身体内"嘭"的一声，然后，每呼吸一次心脏都剧疼，当时无比恐惧……因为对于运动员来说，外伤很常见，断胳膊断腿都是家常便饭，但内伤，很可能断送掉职业生涯，甚至危及性命。我告诉自己千万不能睡过去，我怕睡过去就再也醒不过来了，队友也在不停拍我的脸，但我还是慢慢失去了意识……

经医生诊断，我的肺保护膜破裂，导致只要一吸气就会非常疼，而且我当时在剧烈运动，急促的呼吸加重了疼痛。直到戴上呼吸机，疼痛才缓解了一些。我躺在手术台上，望着头顶上的灯，努力睁大眼睛，害怕闭上就再也睁不开了……醒过来之后，医生说已经脱离了生命危险。我以为终于解脱了，没想到真正难熬的日子才刚刚开始。

那时候，我的肺里插了两根巨粗的管子，用来排出废液。麻药劲儿过了之后，伤口的疼痛一直折磨着我，每天最大的盼头就是护士拿来半颗止疼药。其余时间经常是在怒吼或者踹被子，发泄身体和心里的难受。

我的队友们来探望我，本来还说嘲笑一下我剃光头的样子，结果推门看见我在床上痛得挣扎的样子，瞬间就哭了，我也终于忍不住掉了眼泪。不仅因为疼痛和狼狈，还因为我看着他们，想起就在前几天，我们还生龙活虎地在一起训练，可是现在，我成了废人，不能下床，不能走路，大小便都不能自理。最让我心痛的是，医生告诉我，不能再从事竞技体育了。

回家之后的一段时间，我仍然处于半残废状态，连上厕所都要扶着墙小心翼翼地前行。我经常躺在床上看着那些用旧的击剑装备发呆，我以为这辈子再也不可能拿起剑了。

说实话我那时真的很怕看到我爸，我怕看到他操劳的样子，想到他这么多年的付出，我会忍不住哭，忍不住怪自己没用。因为那时候我有一些去国外比赛的经历，但由于不是国家队主力队员，每次出国比赛都需要自费。我爸为了我能多积累经验，多见世面，总是说："你安心比赛就好，老爸给你做最坚强的后盾。"每天在我还没醒来他就出门了，我睡了他还没有回家，我只是早晨起来看到桌上的剩菜没了，才知道他回来过。

2009年的全运会，我在电视上看到昔日战友们举剑拼杀，冒出了一个想法——我要重返剑道，那里才是属于我的地方。我不能对不起我爸的汗水，不能对不起自己那么多年的努力。

回到江苏省队之后，我付出了常人难以想象的努力，下定决心，要从一个"残废"

恢复成正常人，再达到运动员的竞技水平。然而，现实泼了我一大盆冷水。不知道你们有没有过类似的体验，经历了一波又一波打击，你总以为最艰难的日子已经过去了，没想到还有更大的困难等着你。

当时回到赛场上的我，几乎没有赢过。那些曾经不费吹灰之力就能战胜的对手，怎么都打不过；那些曾经轻轻松松做的进攻动作，动不动就变形。我反复质疑我自己，我是不是不该回来？我要继续坚持下去吗？我这个德行有可能去奥运会吗？我经常把自己关在房间里不出门，不与人接触，对自己充满了失望，对未来一片迷茫。

我的队友们想方设法叫我出去，或者来我房间找我聊天，他们跟我说："想要战胜别人，首先要战胜自己。"我慢慢意识到，原来我不是打不过对手，而是败给了自己。那段时间的比赛中，我的关注重点不是研究对手的技战术，而是一直在担心自己会不会再次受伤，所以每一次动作都不敢尽全力去做，连打赢一剑都不敢用力庆祝。

有一天，我的教练跟我说："我知道你现在内心很恐惧，经常怀疑自己，但如果你想成为一个真正的男人，就不能被这些困难打倒。"这句话戳中了我，既然选择了重返赛道，既然选择了坚持，就要像个爷们儿一样去战斗。

27岁再去实现体育梦想，在有些人看来可能晚了，但我觉得，在梦想面前，每个人都是天真的孩子。我开始正视自己的问题，每一次训练，我不断告诉自己我可以，我可以。从最简单的动作开始，提醒自己一定要专注。你会发现当你全身心投入一件事情中，就会忘记那些杂念。生活当中我也会通过一些训练来克服内心的恐惧，比如把气球吹到快要爆炸，比如把脸浸泡在水盆里练憋气。困难常常有，但办法一定比困难多，不轻言放弃，就一定有机会。

坚持了一段时间之后，在一次比赛中，我面临着一剑定胜负的情况。刺中对手得分后，我兴奋地大吼了几声，那一刻我意识到我终于战胜了自己。后来慢慢地，我从一个个基本动作开始，从输别人5剑到比分接近；从打一场比赛下来气喘吁吁到可以连续打三场打五场；从谁也打不过到一步一步成为全国冠军，到后来，我又得到了国家队的召唤。

　　后来的几年，因为状态起伏，我经历了在国家队的三进三出，但是经历了一次生死的我，经历了几乎要放弃到重新回来的我，遇到困难之后，总会告诉自己，不要怕质疑，不要怕失败，凡是打不死你的，终将让你更加强大。

　　备战里约奥运周期的四年中，我终于成为中国击剑队的主力队员，拿过亚运会季军和世界杯亚军。经过了一系列艰苦的国际积分赛后，我以亚太区第二名的身份，拿到里约奥运会上中国击剑队唯一一个男子佩剑项目参赛资格。

　　虽然我没能像雷声、仲满他们一样站在最高领奖台上，但对于我来说，能站在奥运赛场上，已经是一种成功了。然而从里约回来后，我受到了一些质疑，有人说："孙伟没有拿过奥运冠军，凭什么得到这么多的关注？但当大家看到我在参赛过程中的全力拼搏、认真付出之后，对我也有了一定的认可。

　　我想说，我们当然应赞美大满贯选手，但同时，也该为那些同样付出了汗水和努力的普通运动员鼓掌，我们当然可以敬佩那些超级学霸，但同样也应该为了每一天比前一天更加优秀的自己鼓掌！

　　近几年，因为专注于推广击剑运动，接触到了很多家长和小朋友，看到越来越多的人开始认识和学习击剑，我非常开心。其中，大部分家长是为了让孩子强身健体，培养兴趣爱好，增强心理素质，少部分家长则是为了让孩子走专业路线，有个特长可以更容易考大学。

一次训练之余，我问一位家长，为什么要让孩子练习击剑，这位父亲告诉我，他家孩子当时七岁，特别瘦小，运动的时候很容易跌倒，胆子也非常小。为了提高孩子的运动能力和自信心，他陪伴孩子训练了半年，小男孩从不爱运动到各种跑跳练习都做得非常好，性格也开朗了很多，还勇敢地报名参加比赛，甚至想要赢得比赛，这位父亲的眼里充满了骄傲。

在一次击剑个人比赛中，我看到一个小女孩输了，特别伤心地坐在地上哭，她的父亲坐在她旁边安慰她、肯定她、鼓励她，父女俩的背影使我感触颇深，我想当时在场的其他人应该也有所触动。对于这个小女孩来说，当时的她确实是输掉了一场比赛，但是从长远看来，这对于她的人生一定是一笔宝贵的财富。正如白岩松老师在2012年伦敦奥运会采访奥组委的时候，奥组委的人员所说"体育让孩子在规则中去赢，同时教会他们有尊严且体面地输"，我想这就是体育的魅力。

还有一次业余联赛击剑团体比赛，一开始，有一队领先十几剑，然后被对方追平了，最后一剑定胜负的时候，一个队员因为失误输掉了比赛。比赛结束后，他忍住情绪礼貌地和对手握了手。而当其他的三位队友走过来的时候，他忍不住哭了，队友们一直安慰他、鼓励他，几个10岁的孩子抱在一起，没有指责彼此。父母也过来肯定了他们每个人的努力付出，鼓励他们总结问题，再接再厉。剑道如人生，虽然输了比赛，但是这种不抛弃、不放弃的精神，这种浓厚的友情和亲情，一定会激励孩子们在人生的"剑道"上更勇敢地向前走。只要有目标、有梦想，并为此不断努力，他们将会不断突破自我，创造出属于自己的天地。

体育，不仅可以提高孩子的身体素质，也让他们拥有强大的心理素质。遇到不开心的事情或者有压力的时候，和小伙伴们来一场运动，出一身汗，烦恼会一扫而光；遇到困难想要放弃的时候，身边并肩作战的队友、教练给予的鼓励，也会让你一次次坚定信心、突破自我。

每个人的天赋、背景、经历都不一样，我们不必羡慕别人的成就，不必做别人眼中的冠军，每天脚踏实地为了自己的梦想努力，做问心无愧的自己，就是最大的成功！

第一章

初识击剑运动

　　击剑是一项兼具优雅动作与灵活战术的体育项目，在世界范围内拥有广泛爱好者。本章我们将从击剑的历史、分类、装备、场地、专业术语与手势以及比赛规则等方面进行介绍，让大家对击剑运动有初步的认识，从而为进一步击剑运动的学习打下基础。

1.1 击剑的历史

击剑运动历史悠久，1896 年的雅典奥运会已经把男子佩剑和花剑列为比赛项目。击剑运动的竞技方式为一对一进行格斗，双方在穿戴击剑装备（如面罩、击剑服等）的情况下，持专用的武器，在剑道上按照竞技规则进行比赛。

下面我们来了解一下击剑的发展史。

1.1.1 世界击剑史

击剑运动的历史最早出现于中世纪的欧洲。当时，击剑运动最盛行的国家是意大利，意大利的击剑技术对当时欧洲的击剑发展有深远的影响，很多欧洲人，尤其是法国贵族，从意大利的击剑学校或剑术师那里学习击剑。这一时期，击剑运动被确认为兼具格斗性与艺术性。

到了 16 世纪 60 年代，法国国王查理四世集结巴黎的击剑手，在罗伊学院中设立击剑学院，这是在法国正式成立的第一所击剑学校。经过两三百年的发展，到了 19 世纪，法国已经拥有严谨的击剑教学体系，出现了一些击剑大师。这些大师著有专门的击剑论著，并奔走于世界各地教授剑术。击剑运动开始从法国进一步向世界各地发展。

在击剑运动发展的过程中，剑术与剑本身，也在不断发展与演变。

花剑的演变

16 世纪的刺剑，有细长的剑身，以刺的动作为主，杀伤力很大，在使用过程中易造成伤亡现象。到了 17 世纪末，这种刺剑逐渐被淘汰，而剑身短小、纤细、轻盈的室内剑（smallsword）开始盛行，而且这种剑没有剑刃，比较安全。

再后来，出现了更为安全的花剑。这种剑的剑身比刺剑短，且剑尖被包裹起来，像一个花苞，交叉护手也成为装饰品。这种护手沿用到 19 世纪，直到圆盘形护手的出现。此时的剑术，也开始逐渐向现代的击剑剑术转变。

从 16 世纪末期到 17 世纪初期，在欧洲的多种击剑场合，如击剑学校、宫廷、击剑厅等，击剑运动形成有一定规则的正规训练，这使击剑运动的剑术开始逐步发展和完善，击剑方式也增多了，花剑在此时演变出独立的击剑体系。

为了防止伤及眼睛，击剑规定要刺在对方胸部。直到 18 世纪中期，法国人拉·布埃西叶尔发明了面罩，在此之前，规则也随之改变，头部可以作为刺中的有效部位。

佩剑的演变

佩剑出现于 18 世纪末期。当时的匈牙利人，将土耳其、阿拉伯等地方的兵士所使用的弯刀加以改良，配有月牙形的护手盘，用于击剑。但和花剑比起来，这种剑比较笨重，并没有流行起来。后来意大利人朱赛普·达拉埃利改进了这种剑，使其较为轻便，且更符合生物力学原理，这就是佩剑的前身。18 世纪末和 19 世纪初，意大利人洛·桑泰利通过在击剑学校的实践，对佩剑进行改良，并进一步规定了佩剑的技术和规则，向对方进行劈和刺都可以，因此，击剑中的佩剑形式就出现了。

重剑的演变

19 世纪中期，决斗剑演变成为重剑。当时，欧洲的习武厅开始使用决斗剑。这种剑有三棱形的剑身，决斗者不佩戴护具，用刺的方式向对方攻击。为了防止决斗者受伤出现破伤风，剑尖每接触到地面一次，就要灼烤一次。这种比赛在室外进行，全身都可以作为有效刺中部位，且一剑就可以判定胜负；在后期发展为电动剑后，在室内进行比赛，用五剑来决定胜负。

击剑运动除了富有竞技性外，它还兼具娱乐性，并体现了骑士精神。击剑在当今之所以如此受欢迎，是因为它不仅仅是一种娱乐性和体育性的搏斗方式，还能带来一种精神层面上的升华。击剑能让击剑者对自己的身体有更好的认识，而且在这个过程中，击剑还能让击剑者形成一种良好的精神状态，让他变得更沉着冷静，注意力更集中，能更好地掌控自己，更好地遵守规则、尊重他人。尤其是对于处在茁壮成长阶段的儿童和青少年，

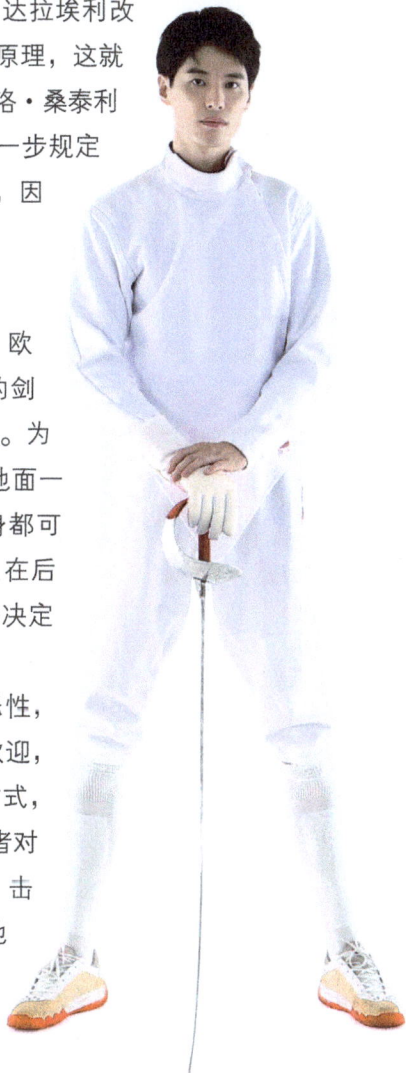

第一章 初识击剑运动

第二章 热身运动

第三章 佩剑基本功

第四章 佩剑基本技术

第五章 佩剑体能训练

第六章 佩剑高手进阶

击剑可以加强他们的此类精神文明建设。

击剑运动有花剑、佩剑与重剑。每个剑种的击剑比赛均设男子与女子两个类别。这三个剑种，除了剑身不同之外，具体的比赛规则和有效部位也各有区别。再加上男子、女子的团体赛，整个击剑比赛共有12个单项。

1.1.2 中国击剑史

北京体育学院（现北京体育大学）于1955年首次开设击剑课，标志着击剑运动在中国开始出现。经过近20年的逐渐发展，中国击剑于1974年加入国际剑联。之后，中国击剑运动发展迅速，击剑健儿在各大赛事上频频取得优异成绩，中国击剑队也快速走出国门，向世界展示风采。

从1984年起，中国击剑获得多个世界冠军和奥运会冠军，逐渐在这个项目上闪闪发光。第一枚中国击剑奥运金牌，是栾菊杰获得的1984年洛杉矶奥运会金牌。这枚金牌的取得，意味着中国击剑打破了欧洲人多年独霸击剑金牌的神话，使亚洲击剑运动从此扬眉吐气。2002年世界击剑锦标赛上，中国获得第一枚世锦赛金牌，那就是谭雪取得的女子佩剑项目个人金牌。在2006年世锦赛上，李娜、张莉、骆晓娟、仲维萍团队获得女子重剑团体金牌，这是中国取得的第一个击剑团体冠军，同时在这届赛事上王磊获得了第一枚世锦赛男子个人金牌。在后续的几年中，中国击剑在世锦赛上接连收获多枚个人和团体金牌。雷声、朱俊、黄良财与张亮亮团队，马剑飞、雷声、朱俊与张亮亮团队，分别获得2010年、2011年世界赛男子花剑团体冠军。同时在2011年世锦赛上，李娜和孙玉洁分别获得女子重剑项目个人金牌和银牌。在2015年世锦赛击剑项目上，许安琪、孙玉洁、孙一文与郝佳露获得女子团体金牌。

中国击剑在奥运会上的表现也同样令人骄傲。栾菊杰在1984年的洛杉矶奥运会上获得花剑个人冠军。王会凤在1992年的巴塞罗那奥运会中获得花剑项目亚军。花剑男子团体——王海滨、叶冲、董兆致，在2000年的悉尼奥运会中获得团体亚军，与此同时，女子团队取得女子重剑团体铜牌的成绩。王磊、谭雪荣在2004年的雅典奥运会上，分别获得男子重剑项目的个人银牌和女子佩剑项目的个人银牌，同时，男子花剑也取得团体项目银牌的好成绩。中国的第一块男子击剑奥运金牌，产生于2008年的北京奥运会中，那就是仲满在此届奥运会比赛中取得的佩剑项目个人金牌，这意味着中国击剑运动在奥运会赛场上取得重大突破，同时，女子佩剑也取得团体银牌的好成绩。女子重剑团体——李娜、骆晓娟、孙玉洁、许安琪在2012年伦敦奥运会中获得金牌，雷声获得男子花剑项目的个人金牌，孙玉洁获得女子重剑项目的个人铜牌。女子重剑团队在2016年里约奥运会上获得团体银牌，女子重剑个人铜牌由孙一文获得。从以上可以看出，从1984年洛杉矶奥运会至今，中国击剑表现出色，取得了4金、7银和3铜的好成绩，为祖国争得了荣誉，为中国击剑运动的发展做出了贡献。

孙一文在2017年国际剑联女子重剑世界杯赛中发挥稳定，获得女子重剑项目个人赛金牌，这是她第2次获得世界杯个人赛金牌。

霍兴欣在2017年亚洲击剑锦标赛上表现出色，经过不懈拼搏，打败对手，取得女子花剑项目金牌。

2018年国际剑联女子佩剑世界杯，由钱佳睿、杨恒郁、邵雅琦和贾晓晔组成的中国女子佩剑队获得银牌。

2018年巴塞罗那世界杯分站赛，朱明叶夺得重剑金牌。

2018年亚洲击剑锦标赛在泰国曼谷举行，由许英明、王石、路阳、颜颖慧组成的中国男子佩剑队和中国男子重剑队（董超、石高峰、薛洋东）分别获得男子佩剑、男子重剑项目团体赛金牌。

2019年匈牙利世界击剑锦标赛女子重剑团体赛中，由孙一文、许安琪、朱明叶和林声组成的中国女子重剑团体在决赛中以29∶28战胜俄罗斯队摘得金牌，这也是中国女子重剑队时隔4年再度登顶世锦赛。一切荣耀与辉煌都是几代击剑人辛勤努力的结果。如今的中国击剑队是一支朝气蓬勃的队伍，定将不负众望，力争实现更大的辉煌。

第一章 初识击剑运动

第二章 热身运动

第三章 佩剑基本功

第四章 佩剑基本技术

第五章 佩剑体能训练

第六章 佩剑高手进阶

1.2 击剑的分类

击剑分为重剑、花剑与佩剑三个剑种。下面对这三种剑进行详细介绍，了解它们各自的特点。

✖ 1.2.1 重剑

重剑的结构具体包括剑身、剑柄和护手盘。全长不超过110厘米，重量不超过770克。剑身材质是钢，截面呈三棱形，长度在90厘米以内，宽处有24毫米。剑柄长度不超过20厘米。重剑的护手盘为圆形，直径不超过13.5厘米，深3~5.5厘米，偏心度不超过3.5厘米。

重剑的有效部位最大，人体各处都是有效部位，但是只能刺，不能劈。重剑比赛采用电动裁判器，如果对战运动员在1/25秒内互相同时刺中对方，则判"互中"，如果一人在超过1/25秒的时间刺中对方，先被击中一方的灯会亮。重剑比赛以击中一剑决胜负，所以重剑运动员在赛场上往往会很谨慎地寻找最佳出剑时机。

重剑比赛有男子与女子两个类别，并分别设个人赛与团体赛。目前，奥运会重剑比赛项目有4个，分别是男子与女子的个人赛和团体赛。

✖ 1.2.2 花剑

在我国，花剑曾被称为"轻剑"，1973年更名为花剑。花剑的剑身在90厘米以内，截面为四角形，剑身加上剑柄，总体长度在110厘米以内。花剑的护盘手比较小，总重不超过500克，在三个剑种中重量最小。

花剑的有效部位是除了头部和四肢以外的上身部位，也就是金属衣遮蔽的地方。和重剑一样，花剑也只能刺向对方，不能用剑身劈。花剑比赛同样采用电动裁判器，花剑尾端是电钮装置，一旦选手刺中对方金属衣，且力度大于500克时，剑尖就有感应，裁判器会亮灯。如果刺中有效部位，会亮红灯或绿灯，亮白灯则说明刺中了无效部位。

花剑比赛有男子与女子两个类别，并分别设个人赛与团体赛。目前，奥运会花剑比赛项目有4个，分别是男子与女子的个人赛和团体赛。

✖ 1.2.3 佩剑

佩剑的剑身比花剑和重剑都要稍稍短一些，为88厘米，加上剑柄，共105厘米。佩剑重量小于500克。剑尖为圆形，没有弹簧头。剑头卷曲合拢，且该处边沿至少要进行0.5毫米的削边，将锋利之处处理掉。剑身钢制，截面近似四角形，最小4毫米，最大6毫米，最大处距离剑尖不超过3毫米。剑身如果出现弓形，其弯曲角度控制在4厘米以内。禁止剑身上部变为钩状，禁止剑身向剑刃的位置弯曲。佩剑的护手盘是月牙盘，是光滑、连贯、无破损和翻边的曲面。为了绝缘，护手盘里侧为绝缘的垫子或一层清漆。手柄和平衡锤应完全绝缘。

佩剑的有效部位包括双臂、躯干以及面罩。有效部位由金属衣遮蔽。佩剑的剑尖、剑背、剑刃都可用于攻击，攻击方式有劈和刺，以劈为主。

佩剑比赛有男子与女子两个类别，并分别设个人赛与团体赛。目前，奥运会佩剑比赛项目有4个，分别是男子与女子的个人赛和团体赛。

重剑

20cm 90cm

重剑横截
面形状

花剑

20cm 90cm

花剑横截
面形状

佩剑

17cm 88cm

佩剑横截
面形状

第一章 初识击剑运动

第二章 热身运动

第三章 佩剑基本功

第四章 佩剑基本技术

第五章 佩剑体能训练

第六章 佩剑高手进阶

1.3 装备介绍

在击剑比赛或者训练的时候，为安全起见，需穿戴击剑装备，才可上场比赛。击剑的装备一般常用的是击剑、面罩、保护服、金属衣等。击剑用于比赛时的进攻与防守，护具主要用来保护身体，以避免在运动中受到伤害。

⚔ 1.3.1 剑

击剑运动中有三个剑种：重剑、花剑和佩剑。这些剑种要在各自的安全范围内使用，并遵守各自的使用规则，这样才不会伤到自己和对手。剑头、剑身、护手盘等，都禁止通过磨、锉或者其他方式改变其形状和结构，更不允许将剑头磨利。下面以佩剑为例，来说明剑的基本构成。

佩剑由以下几个部分组成：

手柄　　　剑身

护手盘

1. 柔韧的钢制剑身。包括前面的剑头和后面的柄芯。

2. 手柄。柄芯通过螺母扣紧或其他方式固定在手柄内，方便使用者能够用手稳固地抓住剑。手柄可以由一个或数个部件构成。

3. 金属护手盘。护手盘由整块材料制成，位于剑身和手柄之间，为了保护持剑手，护手盘向前凸起，为持剑手提供更多的空间。另外花剑、重剑的护手盘，都需要装上软垫，起到缓冲作用。用于连接手线的插座安装在护手盘内。当手线插入插座后，手线、拖线盘、过桥线、电动裁判器会形成闭合的电路。

1.3.2　面罩

面罩是击剑必备的防护用具，另外它也是击剑的有效部位之一。面罩必须具备以下特点。

1. 面罩需要有完好的金属网，且具备导电性能。

2. 面罩的颈部，要用导电材料覆盖，与金属衣一样可以导电。

3. 面罩的附件也必须由导电材料制作。

4. 面罩与金属上衣之间用一根白色或透明的电源线来接通，电源线两头有两个鳄鱼夹，分别夹在面罩和金属上衣上。有的电源线是焊接到面罩金属网上的。电源线长度为30～40厘米。禁止使用螺旋式头线。另外，电源线的电阻不能超过1欧姆。电源线须为白色或淡色。

5. 鳄鱼夹与面罩间的电阻要小于5欧姆，其外形与大小要与器材相符。

金属网

护颈

1.3.3　保护服

保护服包括小背心、上衣和裤子，在运动中可以为运动员提供最大限度的保护作用，同时又不妨碍运动员的肢体动作，使其仍旧有灵活性。保护服的具体特点和要求如下。

1. 保护服上不能有开口或者环状扣，上衣的衣领须完全扣住或封闭，否则对方的剑尖容易被卡住或者刺偏。

2. 服装的制作材料要足够结实，干净，使用状态好。

3. 服装材料表面不能光滑，否则会令对方的剑尖或剑身在劈刺时发生打滑现象。

4. 保护服要求符合参赛比赛标准，国内青少年比赛要求保护服能抵抗700牛顿的力，国际成人赛事要求抵抗1200牛顿的力。

5. 遵循击剑运动的传统，为了方便计分和判定胜负，击剑服都是白色的。

6. 无论哪个剑种，在预备姿势时，参赛者上衣的下摆要至少盖住裤子10厘米。

7. 女子队员要穿戴一件金属或其他足够坚硬的护胸，男子队员可以穿戴护胸，也可以不穿戴。

8. 长裤膝盖以下应该被系紧固定。

第一章　初识击剑运动

第二章　热身运动

第三章　佩剑基本功

第四章　佩剑基本技术

第五章　佩剑体能训练

第六章　佩剑高手进阶

⚔ 1.3.4　金属衣

参赛者所穿的金属衣，需要完好地遮盖有效部位，即处于"预备"状态中时，金属衣要在参赛者腿部与上身所形成的褶皱上方。金属面料要足够宽，可以确保在所有状态下都能盖住身体有效区域。

⚔ 1.3.5　击剑鞋

在击剑运动中跨出弓步时，力度大，容易磨脚，因此需要使用专门的击剑鞋。击剑鞋内摩擦比较大，抓地力也强，出弓步时不易磨脚。

另外，因为击剑选手经常进行攻击和防守，脚下动作既要稳，又要快，一般的鞋子不能提供足够的摩擦力和结实度。而击剑鞋前足的锁甲设计能为足背提供攻击防护，鞋底一体化配合外伸式吸盘，使鞋底具有更稳定的抓地力。

需要注意的是，有些鞋子不适合在击剑运动中穿，如带气垫的运动鞋、镂空的运动鞋以及运动凉鞋等，这些鞋子可能会让击剑运动员的脚受伤。

⚔ 1.3.6 击剑袜

　　击剑袜是击剑运动必须穿戴的。击剑袜是长袜，长度要完全能盖住运动员的小腿，向上到达长裤的下方。击剑袜要贴合性好，不能下滑。另外，一些击剑袜在顶端处可有一道长10厘米的翻边，其颜色为代表国国旗的颜色。

击剑装备佩戴展示：

剑

面罩

保护服

击剑袜

击剑鞋

第一章 初识击剑运动

第二章 热身运动

第三章 佩剑基本功

第四章 佩剑基本技术

第五章 佩剑体能训练

第六章 佩剑高手进阶

1.4 场地介绍

　　击剑训练和比赛有专用的场地，尤其是比赛，场地要求更专业。击剑场地，主要包括剑道和裁判器，剑道有专门的尺寸要求，裁判器包含多个附件。下面分别对剑道和裁判器做介绍。

⚔ 1.4.1 剑道

　　击剑比赛的剑道，长度为14米，宽度为1.5~2米。剑道主体为木制材料，上面覆盖着金属网或金属板。

　　剑道中间的线为中线，从中心线开始，各向两端的2米位置，是比赛双方各自的开始线；开始线再向后5米的位置，为端线，合起来一共14米。比赛双方在剑道上14米内的所有刺中都有效。警告区位于击剑场地的两端，与端线相距为2米。

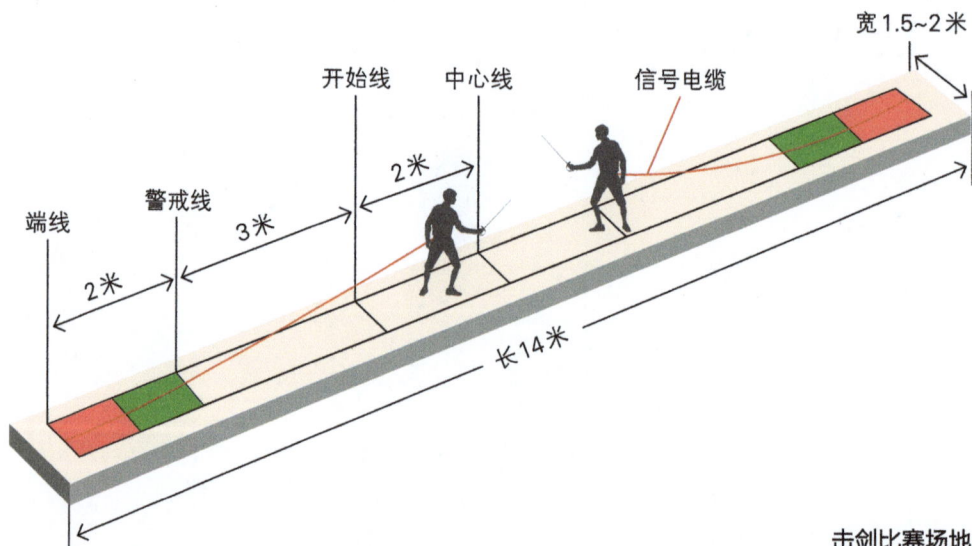

击剑比赛场地

⚔ 1.4.2 裁判器

　　电动裁判器是目前击剑比赛的必用器材，具体包含以下装置：灯光信号，辅助信号，接入参赛者武器的导线，拖线盘，以及其他附件。

1.5 专业术语与手势

　　击剑运动有专业术语与专用手势，如果想了解击剑运动，要先认识这些术语和手势。下面我们就一起来学习吧。

1.5.1　术语

　　击剑是一项高雅且具有骑士精神的运动，它可以反映出击剑者的身体协调性和敏捷性。在击剑比赛中，有很多专业的术语，学习和了解击剑的术语对了解比赛运动有很大帮助。下面我们来讲解击剑运动中的专业术语。

实战与比赛

　　击剑爱好者双方，或者击剑运动员双方，总之是参与击剑运动的双方，进行友好的交锋和切磋，叫"实战"；如果将交锋或切磋的成果进行成绩记录，实战则变为"比赛"。

进攻

　　即主动向对方发起的攻击。先是向前做弓步或冲刺，然后持剑手臂前探，针对对方身体有效部位，用剑尖接连试探威胁。击剑中进攻方式有直接进攻、转移进攻、击打进攻、压剑进攻、同时进攻、连续进攻、延续进攻等。具体如下。

　　直接进攻：指直接用剑进攻对方的有效部位。

　　转移进攻：先向前威胁对方，诱导对方进行防守反击，露出有效部位，然后己方剑尖绕过其护手盘，刺向其有效部位。

　　击打进攻：先将对方的剑击向一旁，迫使其露出有效部位，然后攻击其有效部位。

第一章 初识击剑运动

第二章 热身运动

第三章 佩剑基本功

第四章 佩剑基本技术

第五章 佩剑体能训练

第六章 佩剑高手进阶

压剑进攻：即用己方剑的强部位（靠近剑柄的1/3部位）压向对方的剑的弱部位（靠近剑尖的2/3部位），迫使其露出有效部位，然后攻击其有效部位。

同时进攻：指双方同时启动向对方发起进攻，且同时击中对方，这种情况被判为互中。

连续进攻：指向对方进行一次攻击后，在对方进行防守但还未反击之时，再次向对方进攻。连续进攻有优先裁判权。

延续进攻：指向对方进攻后，对方进行了防守、向后拉开距离或还击迟疑，己方手臂不撤回，继续向对方进攻，以快制胜。

新进攻：指在回到实战姿势后立刻做出新的进攻。

反反攻：指在对方反攻时，进攻方做出的各种应对动作。

还击

指己方针对对方的攻击进行防守后，向对方做出的攻击动作。

按照不同的划分方式，还击被分为多种形式，接下来分别介绍。

- 及时还击与不及时还击

按照还击动作的快慢，可将还击分为及时还击与不及时还击。

- 简单还击与复杂还击

按照还击路线和技术的复杂程度，还击可分为简单还击和复杂还击。

简单还击

简单还击有直接与间接之分，其中直接类型有直接还击与压剑还击，间接类型有转移还击和交叉还击。

直接还击：指在进行防守后，不离开防守线而直接向对方还击。

压剑还击：指在进行防守之后，用己方的剑从对方剑身滑向对方，击中对方有效部位。

转移还击：指在进行防守之后，紧接着从和防守线相反的方向攻击对方。比如在上线防守，还击时可从对方剑下还击；反之从下方防守，可从上方还击。

交叉还击：指在进行防守后，绕过对方剑尖，从相反的线上攻击对方。

复杂还击

复杂还击，包括画圆还击与两次转移还击。

画圆还击：指进行防守后，用剑尖在对方剑尖周围画圆，然后迅速从反方向上击中对方。

两次转移还击：指在进行防守后，己方剑从对方剑下方绕至相反线上，然后再回至防守线，击中对方。

反还击

指针对对方的还击动作，己方进行防守后再次进攻的动作。

防守

指击剑中的防御动作。击剑中的防御性动作，是用剑来进行阻止完成的。

防守有简单防守与画圆防守。

简单防守：指和进攻路线相同的防守。

画圆防守：指和进攻路线相反的防守。

反攻

指在对方进攻时，己方也开始进攻，或进行防御性的进攻。反攻也有很多种，这里详细介绍一下。

一般反攻：对一个进攻动作所做出的反攻。

对抗反攻：指封闭对方的进攻路线，迫使对方停止进攻的反攻方式。

及时反攻：击剑时间内的反攻。

击剑线

是指在击剑中，对方处于没有出手、出手后尚未收手或停顿状态时，己方持剑手臂快速探直，用剑尖接连威胁对方的有效部位。

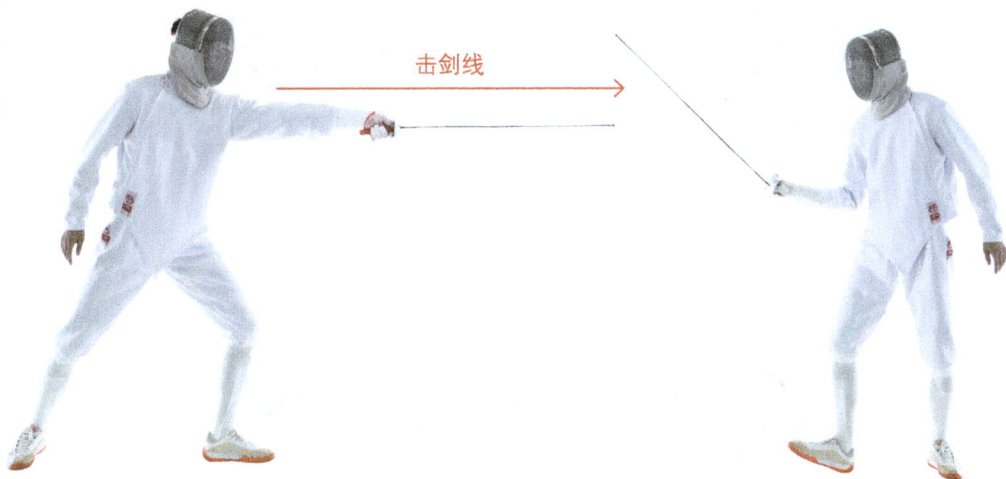

击剑线

第二章 热身运动

第三章 佩剑基本功

第四章 佩剑基本技术

第五章 佩剑体能训练

第六章 佩剑高手进阶

⚔ 1.5.2 手势

在击剑比赛中，裁判员使用的手势如下。

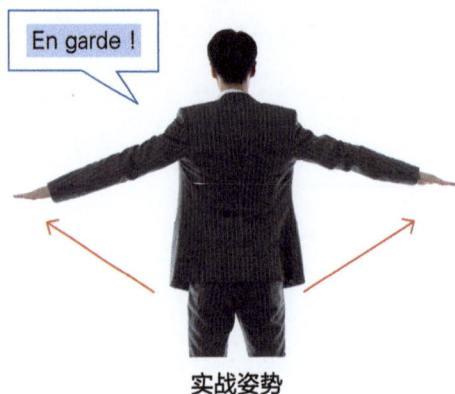

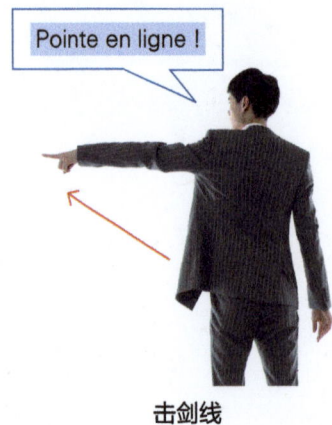

En garde !

实战姿势

Prêts(es) ?

预备

Allez !

开始

Halte !

停

Pointe en ligne !

击剑线

Attaque ! /
Arrêt ! /
Contre-
attaque ! /
Remise !

进攻/反攻/延续

刺中

得分

无效

防守/反反攻

互中

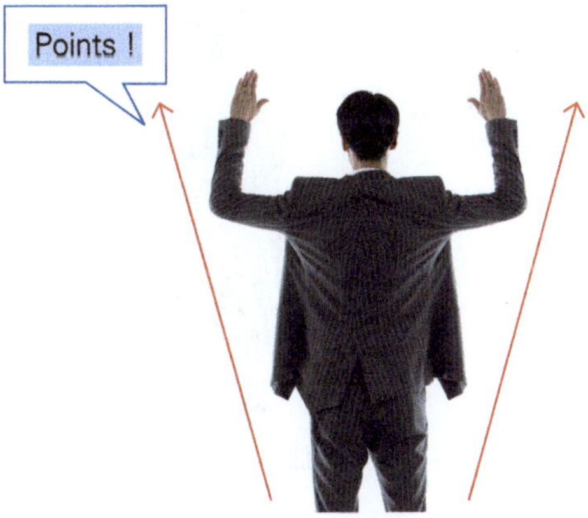

双方得分

同时

没有

没有（进攻）

错误动作

红牌/黄牌/黑牌

获胜一方为（名字、比分）

1.6 比赛规则

击剑比赛规则是认识击剑、学习击剑所要掌握的基础知识，下面我们一一来讲解。

1.6.1 比赛分类

比赛分类，即击剑比赛的类别，既可以按照参赛年龄分，也可以按照参赛人数来分。分别介绍如下。

青少赛与成人赛

青少赛和成人赛，是根据年龄进行区分的比赛类别。青少赛的参赛成员为青少年，一般指年龄在12岁以上、18岁以下的青少年，具体以比赛举办方的解释为准。青少赛的年龄分组，也要根据举办方的解释和比赛分组进行，有的还分为更具体的青年组、少年组。成人赛的参赛成员为成人，一般要求年龄在18岁以上（含18岁），具体以比赛举办方的解释为准。

个人赛与团体赛

击剑比赛是双方选手的比赛。比赛中，一方用剑刺击或劈击（佩剑可以刺也可以劈）对方的有效部位后得分。最后，有效击中数量多的一方为胜。击剑比赛有个人赛与团体赛，分别介绍如下。

个人赛

个人赛有小组循环赛与直接淘汰赛。循环赛需要在3分钟之内5次击中对方有效部位；淘汰赛，在规定的时间内（9分钟），谁先达到15次有效部位的击中，或者在9分钟内谁先击中对方有效部位次数最多，就获胜。下面是个人赛相关规则。

- 小组循环赛的基本规则

在所有包含小组循环赛的比赛中，如果运动员人数是7的整倍数，则每个小组由7名运动员组成；如果不是7的整倍数，则每个小组由7名或6名运动员组成，如果由于一名或几名运动员的缺席，使得一个或多个小组的参赛运动员人数减少至5人或更少，组织者须从7人组中调剂出一名或几名运动员到这些组，并且要考虑被调整运动员的最初排名。

- 直接淘汰赛的基本规则

1. 直接淘汰赛对阵表根据小组赛排名和每项赛事的特殊规则制定。同国籍运动员回避规则不再适用。

2. 直接淘汰赛采用15剑制或打满整个比赛时间。每场比赛有3局，每局打3分钟，局与局之间间歇1分钟。但是佩剑比较特殊，一般打满3分钟或其中一名运动员得到8分，第一阶段即结束。

第一章 初识击剑运动

第二章 热身运动

第三章 佩剑基本功

第四章 佩剑基本技术

第五章 佩剑体能训练

第六章 佩剑高手进阶

3. 休息时间内，赛前指定的一名随机人员可以对运动员进行指导。

4. 与裁判器相连的计时器在每一阶段结束后都将终止裁判器的工作。

● 比赛至以下情况即结束

1. 一名运动员击中15剑或者9分钟有效比赛时间全部用完。

2. 击中对方有效部位最多的一方获胜。

3. 如果3分钟之内两人平手，则需加赛1分钟，在这1分钟之内，击中对方第一剑的一方取得胜利。加时赛之前，裁判须先进行抽签决定优胜权的归属，如果加时赛结束后双方仍是平分，则拥有优胜权的一方获得胜利。

4. 在这种情况下，比赛记录表中将记录运动员的实际得分。

● 退出比赛

无论出于何种原因，若一名运动员不能进行比赛或者不能完成比赛，与其对阵的运动员将被宣布获胜。退赛运动员在比赛中的排名仍将被保留。

● 比赛顺序

1. 对于直接淘汰赛（256，128，64，32，16，8或4）中的每轮比赛，所有比赛都依照对阵表从头至尾按顺序进行。

2. 当直接淘汰赛同时在4条或8条剑道上进行时，每个四分之一表也必须执行该项规则。

3. 同一名运动员如果要连续进行两场比赛，则两场比赛之间可休息10分钟。

● 决赛

1. 决赛将按照直接淘汰赛的方式进行，最好包含4名运动员。

2. 同一剑种的男子和女子项目的决赛最好安排在同一天进行。

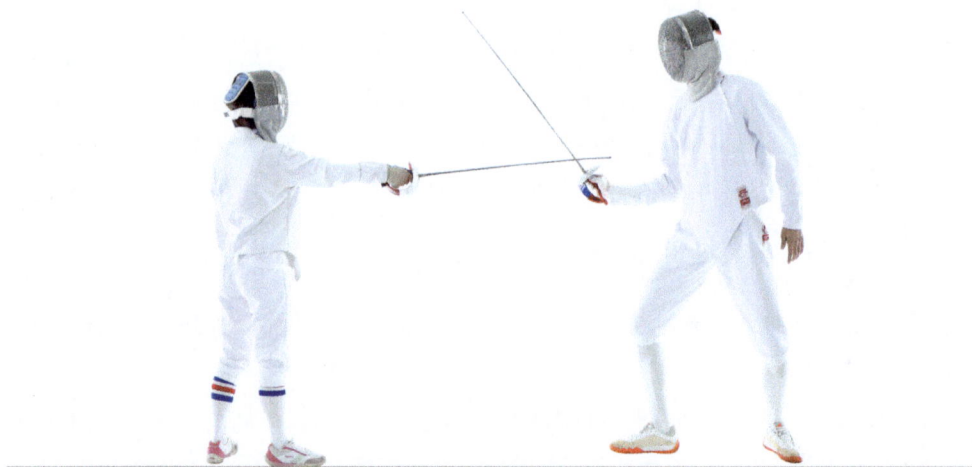

团体赛

团体赛实行单败淘汰赛制，参赛者4人，其中3人进行团体对抗赛，1人替补，需打9场。每场3分钟，打5剑，如同一个小型个人赛，先取得5分的选手获胜，接着换其他选手进行交叉比赛。最终先获得45分的团体获胜。具体规则如下。

1. 所有剑种的比赛均按照接力方式进行。

2. 每场比赛，其中一队的3名运动员将与另一队的3名运动员进行比赛（共9局对阵连续进行）。

3. 每场比赛须按以下次序进行比赛：3-61-52-41-63-42-51-42-63-5。

4. 各队在比赛记分牌上的位置通过抽签决定，运动员的出场次序由各队的领队决定。

5. 每局对阵不超过3分钟，每局对阵包含5次击中（5、10、15、20等）。

6. 双方的第二名队员对阵，当一方队员能在3分钟内击中对方5剑，则该局对阵结束。双方第二名队员对阵，当一方运动员3分钟内累计击中10剑后，该局对阵结束；以此类推，每局对阵递增5剑。

7. 假如3分钟内，双方队员均未达到预定的击中剑数，则下一局的两名队员在现有比分基础上继续进行比赛，直至累计击中剑数达到该局预定剑数为止，时间也为3分钟。

8. 首先获得45分的一方获胜或者在比赛时间内击中最多的一方取得胜利。

9. 如果最后一局比赛时间用完时，两队击中的剑数相同，则需另外加赛1分钟，由双方最后一局的两名队员进行，首先击中的一方获胜。加时赛前裁判将进行抽签决定优胜归属权，若1分钟加时赛结束时双方比分仍未变化，则抽中优胜权的一方获胜。

第一章 初识击剑运动

第二章 热身运动

第三章 佩剑基本功

第四章 佩剑基本技术

第五章 佩剑体能训练

第六章 佩剑高手进阶

⚔ 1.6.2 得分规则

　　击剑比赛在剑道上进行，剑道长14米，宽1.5~2米。比赛开始时，双方须在距离中心线2米的位置以实战姿势站好，一手持剑指向对方，另一手放在身后。在得到任何一分后都需要重新回到这个姿势，再开始比赛。击剑比赛的相关概念分别介绍如下。

有效部位

　　比赛得分，首先要击中有效部位。有效部位是指在比赛中，按照规定可以被对方刺击或击打（佩剑也可以劈打）的部位，不能被刺击或击打的部位，则是无效部位。各种剑种都有特定的有效部位。重剑的有效部位为全身各部位；花剑的有效部位是身体的躯干；佩剑的有效部位则是腰以上部位，手部除外。

重剑有效
攻击区域
为全身。

花剑有效
攻击区域
为躯干。

佩剑有效攻
击区域为上
半身。

无效部位

　　击剑比赛中，身体各部位除了有效部位之外，其余部位就是无效部位了。刺在无效部位不计分。重剑没有无效部位；花剑的无效部位是除掉金属衣遮蔽的地方，即头部、手臂、双腿等位置；佩剑的无效部位为金属衣之外的地方，即腰部下方所有部位和手部。

重剑没有无
效攻击区域。

花剑无效攻击
区域为头部、手
臂和双腿。

佩剑无效攻击
区域为手部与
下半身。

击中的方法

重剑的击中，须剑尖击中对方的有效部位且刺中力度要在750克以上。重剑的全身各处都是有效部位。

花剑的击中，和重剑一样，须剑尖击中对方有效部位且刺中力度在500克以上才有效。金属衣所覆盖部位即躯干部分为有效部位。

佩剑的击中，可以是剑尖刺中，也可以是剑身劈中，有效部位为腰部以上所有部位。不允许用护手盘劈打。

无论是哪种剑，刺中时都需要清晰、准确地刺向有效部位。

击中的判断

重剑的击中判断：用电动裁判器来判断击中。如果比赛双方都击中对方，且裁判器判定双方击中都有效，判双方皆击中一次，为"相互击中"。

花剑的击中判断：花剑用电动裁判器判断击中。击中对方金属衣时，裁判器会显示击中方的灯。如果双方同时击中、被视为相互击中或被视为同时动作，须参考击中的有效性和优先性（后面有讲解）。如果刺中的是无效部位，则显示白灯。

佩剑的击中判断：佩剑也采用电动裁判器判断击中。在刺中或劈到对方的金属衣时，裁判器会显示击中方的灯。如果双方同时击中、被视为相互击中或被视为同时动作，须参考击中的有效性和优先性。如果刺中的是无效部位，则显示白灯。

击中的有效性和优先性

- 重剑击中的有效性和优先性

重剑的每一次击中都有效，因此不具有裁判优先权，也因此对准确性要求高，选择进攻时机很重要。

- 花剑的击中有效性和优先性

花剑击中的有效性，首先要保证攻击动作正确，其次任何攻击动作完成时，应当被防守或避开，双方交锋连贯。

优先权的判定，要看以下几方面。

1. 开始进攻时，对方如果没有处于"击剑线"姿势，己方可用直刺、交叉刺、转移刺来进攻，或者先击打对方剑身，然后再攻击，或进行有效的假动作后再进攻。

2. 开始进攻时，对方如果在"击剑线"姿势，己方应先将对方的剑击打开（轻轻擦过对方剑的情况视为无效），然后发动进攻。

3. 发动进攻时，不能成功击打到对方的剑，则对方拥有优先权。

4. 在向前步伐基础上所做出的任何简单进攻均享有优先权。

5. 防守时可进行直接或间接反击，反击须无停顿地快速完成。

6. 复杂进攻时，在一个进攻时间的进攻动作结束前，对方可进行反攻，为有效反攻。

第一章 初识击剑运动

第二章 热身运动

第三章 佩剑基本功

第四章 佩剑基本技术

第五章 佩剑体能训练

第六章 佩剑高手进阶

7. 复杂进攻时，如果对方做假动作时碰到剑，对方可反击。

• 佩剑的击中有效性和优先性

佩剑击中的有效性，首先要保证攻击动作正确，其次任何攻击动作完成时，应当被防守或避开，双方交锋连贯。

优先权的判定，要看以下几方面。

1. 开始进攻时，对方如果处于"击剑线"姿势，己方应先将对方的剑击打开（轻轻擦过对方剑的情况视为无效），然后发动进攻。

2. 开始进攻时，对方如果没有在"击剑线"姿势，己方可用直接进攻、交叉进攻、转移进攻来进攻，或者先进行有效的假动作让对方进行防守，再进攻。

3. 发动进攻时，不能成功击打到对方的剑，则对方拥有优先权。

4. 复杂进攻时，要先做出正确的假动作。但如果假动作过程中，被对方碰到剑，对方可还击。

5. 复杂进攻时，在一个进攻时间的进攻动作结束前，对方可进行反攻，为有效反攻。

6. 击打进攻时，需要击打在对方剑的弱部位（剑尖1/3处），才能享有优先权。如果打在对方剑的强部位，则对方拥有优先权。

7. 防守时可进行直接或间接反击，反击须无停顿地快速完成。

8. 对于攻击方的劈击，防守方可进行反击，但要在攻击动作完成之前关闭攻击线，防止被劈中。

9. 在防守方做出有效防守后，即使攻击方的剑由于其韧性，剑顶端触及防守方有效部位，攻击动作也要被裁决为被防守成功。

平分

赛时内，如果双方打成平分，需加时1分钟，加时赛内，先击中对方者获胜。但为了防止消极防守或过度防守，1分钟之内任何一方都没有击中对方的现象，在加时赛前，会抽签，由抽签决定如果加时赛中任何一方都没有得分时的获胜者。

(※) 1.6.3　注意事项

击剑赛场上，还有一些注意事项需要参赛者了解，具体如下。

敬礼

赛场上，双方上场后，需先向对手、裁判、观众敬礼。参赛者要将击剑服穿戴完好，在距离比赛中心线2米位置站好，双脚脚跟相贴，呈丁字形站立，左手在腰侧位置抱好面罩，右手持剑，与身体成45度夹角，剑尖朝下，但不能碰到剑道；然后和对手同时将持剑手前伸，再屈肘将剑上举，即为互相行礼，然后分别面向裁判和观众行礼。敬礼完毕后，戴好面罩，彼此试剑，然后听裁判口令，调整身体姿势为实战姿势，开始比赛。

在比赛结束后，同样需要敬礼。双方摘下面罩，分别向裁判和观众行礼，然后两人用非持剑手互相握手，代表比赛结束。

进攻不可以使用交叉步

在佩剑中，进攻时不可以使用交叉步，即后脚向前不能超过前脚的脚跟。

不可后脑勺、后背直接背对对手

在赛场上，用后脑勺、后背对着对手，或者用剑尖在场地上来回划拖，用非持剑手捂着有效部位，都属于犯规行为，首次触犯会被罚以黄牌警告，再犯则会被罚以红牌警告或者被判罚击中一剑。

第一章　初识击剑运动

第二章　热身运动

第三章　佩剑基本功

第四章　佩剑基本技术

第五章　佩剑体能训练

第六章　佩剑高手进阶

不可退出边线和端线

比赛中，双方都必须在赛道上，如果选手双脚都退出边线或端线，会被判罚击中一剑。比赛中，有任何一只脚出边线，裁判需要及时喊停，根据当时脚出界的问题向前或者向后一米距离（故意退出给予警告，再犯可罚一分）。脚在哪里出界，需要看双方的位置，如果后退一方退到最后一块剑道后脚出边线，向后一米且双方剑伸直没有交叉，直接算出界了（因为没有距离可以退）。

中场休息一分钟

两场比赛中间，可休息1分钟。

不可恶意冲撞对手

在赛场上，比赛双方不可恶意冲撞对手，包括故意冲撞、故意和对方身体接触、故意推挤对方等。此类行为会被罚击中一剑。如果是更恶意的冲撞或者发生舞弊的现象，则会被直接出示黑牌警告或者驱逐下场。如果对方在剑道上摔倒，则不能继续追击。

第二章

热身运动

进行任何运动训练前，热身是必不可少的，击剑运动可以涉及全身各个运动器官，因此要进行充分的热身运动，避免发生意外情况。

接下来，我们学习一下热身的训练内容。

CHAPTER 2

热身对训练和比赛都很重要。热身可以减少和避免运动损伤的发生。

热身的首要作用是让身心为后面的运动做好准备。热身能让身体的核心温度与肌肉温度升高，肌肉温度的升高可以使肌肉更松弛、灵活。热身还可以使心跳加快，呼吸也加快和加深，增加血液流量与血液氧气，给肌肉带来更多养分，这些改变能帮助肌肉、肌腱与关节适应接下来的艰苦训练。

2.1 头部运动

头部得到充分的运动有利于增强人体肌肉间的拮抗肌和协同肌的平衡性，进一步提高人体的重心稳定性，使人体更好地处于一种放松状态。

左右

扫一扫，视频同步学

核心收紧，身体躯干保持稳定

① ② ③

1. 两脚开立，双手叉腰，目视前方。
2. 头部向左侧屈曲约45度，连续振动2次，使颈部肌肉有拉伸感。然后头部回正，保持身体直立不晃动。
3. 头部向右侧屈曲约45度，连续振动2次，使颈部肌肉有拉伸感。然后头部回正。重复动作。

前后

保持身体端正，
头部向下压

颈部保持中立位
置，头部上抬，
感受拉伸感

① ② ③

1. 两脚开立，双手叉腰，目视前方。
2. 向前低头，下巴努力靠近胸骨，连续振动2次，直到后颈处的肌肉有拉伸感。
3. 再仰头，努力向后拉伸，连续振动2次，使脖子正下方的肌肉充分伸展。重复动作。

其他角度动作展示

向前低头

向后仰头

第一章 初识击剑运动

第二章 热身运动

第三章 佩剑基本功

第四章 佩剑基本技术

第五章 佩剑体能训练

第六章 佩剑高手进阶

2.2 肩部运动

肩部在一定程度上参与了胸部、背部和手臂等部位的训练，所以说肩部在训练中有着非常重要的作用。因此，充分的肩部热身运动可以避免肩部损伤。

扫一扫，视频同步学

双臂环绕

①

1. 两脚开立，双臂自然下垂，手心向内。

②

③

④

⑤

2~5. 双臂向前抬起，掌心朝下，并逐渐抬至头顶，然后向两侧分开，逐渐下落至身体两侧。然后重复以上步骤做双臂环绕动作至规定的次数。

振臂运动

1. 两脚开立，目视前方，双臂自然下垂。

2. 手掌微握成拳状。右臂向前伸出，做上摆运动，左臂向后，做后振运动，两臂均连续振臂2次。

3. 换左臂上摆，右臂后振。连续振臂2次。左右臂交替进行。

扫一扫，视频同步学

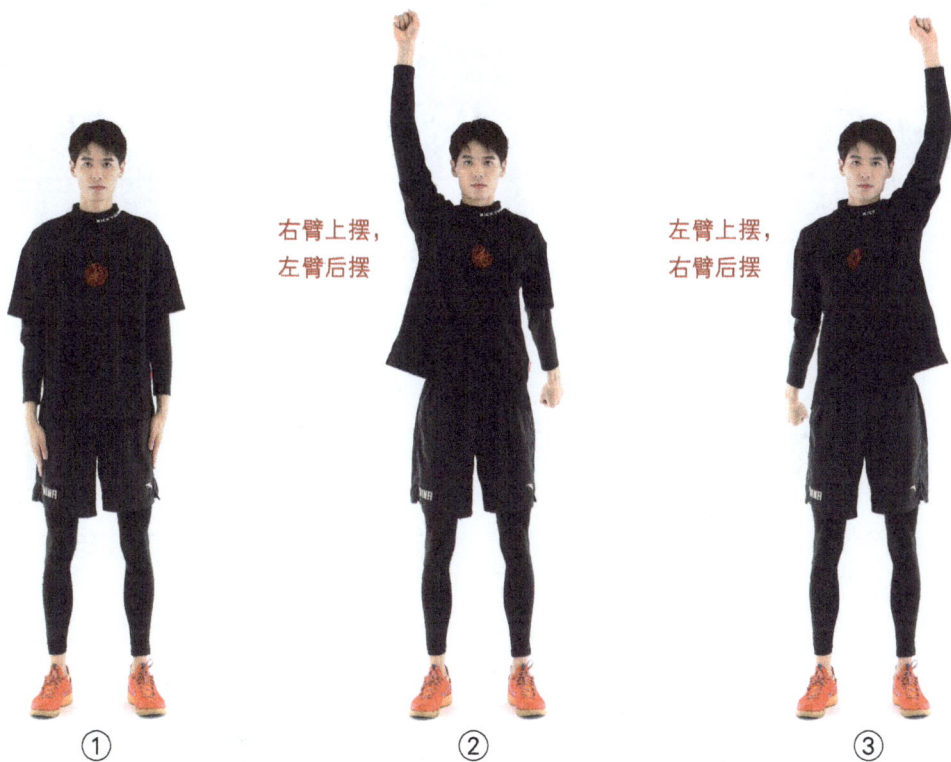

右臂上摆，
左臂后摆

左臂上摆，
右臂后摆

① ② ③

其他角度动作展示

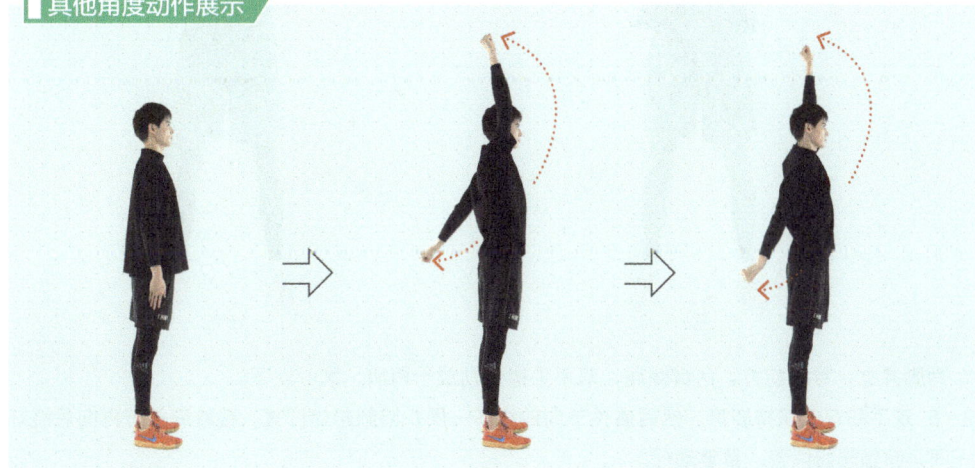

第一章 初识击剑运动

第二章 热身运动

第三章 佩剑基本功

第四章 佩剑基本技术

第五章 佩剑体能训练

第六章 佩剑高手进阶

肩部环绕

肩关节放松，
不可锁死

核心收紧，
背部挺直

① ② ③

身体躯干固定，
不要晃动

⑤ ④

1. 两脚并立，目视前方，两臂侧屈，双手手指分别放于两肩，掌心向下。

2~5. 双手和双臂保持姿势，然后肩关节向前绕环一周，回到起始位置。接着肩关节再向后绕环一周，回到起始位置。重复动作。

第一章 初识击剑运动

第二章 热身运动

第三章 佩剑基本功

第四章 佩剑基本技术

第五章 佩剑体能训练

第六章 佩剑高手进阶

2.3 手臂运动

手臂力量对训练的效果具有一定的积极影响，手臂拉伸可以激活肱二头肌、肱三头肌，提高运动中手臂的力量。

扫一扫，视频同步学

拉伸一

①

拉伸右臂

②

1. 两脚开立，右臂伸直，左臂弯曲，将右臂置于左臂内侧，向左侧拉伸。

2. 左臂保持用力状态，以拉伸右臂，连续振臂2次。

3~4. 左臂向右伸直，右臂弯曲，左臂置于右臂内侧，右臂保持用力状态，以拉伸左臂，连续振臂2次。

其他角度动作展示

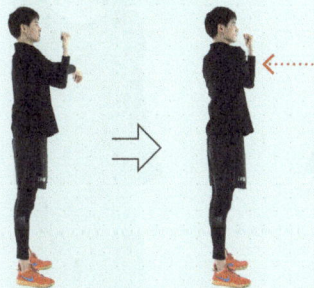

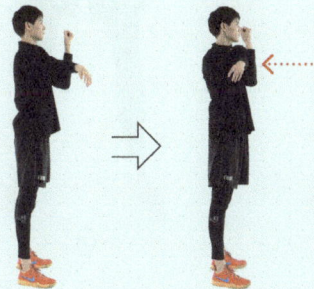

③

拉伸左臂

④

47

拉伸二

拉伸左臂

扫一扫，视频同步学

① ②

1~2. 两脚开立，挺胸抬头，目视前方，双臂屈曲上举，右手握左肘关节处向右后方施力，拉动左臂向右约45度方向，持续15~30秒。

3~4. 然后两臂交换位置，左手拉动右肘关节，向左约45度方向拉伸，持续15~30秒。重复动作。

其他角度动作展示

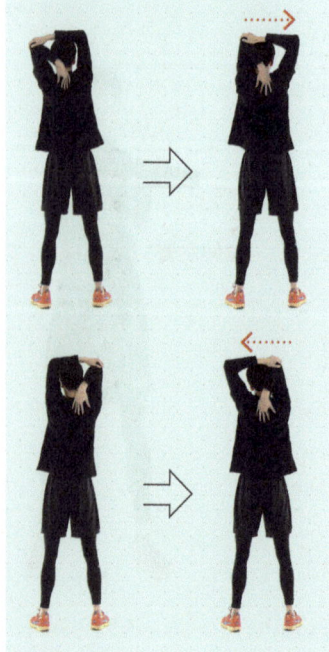

拉伸右臂

③ ④

第一章 初识击剑运动

第二章 热身运动

第三章 佩剑基本功

第四章 佩剑基本技术

第五章 佩剑体能训练

第六章 佩剑高手进阶

2.4 腰部运动

脊柱的腰部位置在运动中承受较大负担，通过腰部运动可以增强腰力，提高腰部灵活性，在一定程度上预防背部损伤的情况。

扫一扫，视频同步学

腰部拉伸

双手叉腰，向左侧屈

向右侧屈，感受腹部侧方有拉伸感

① ② ③

1. 双脚开立，与肩同宽，双手叉腰，目视前方。
2. 保持叉腰姿势，上身向左侧屈，连续侧屈2次，使腰部右侧肌肉有拉伸感后回正。
3. 向右侧屈，连续侧屈2次，使腰部左侧肌肉有拉伸感后回正。重复动作。

其他角度动作展示

向左侧屈 向右侧屈

49

体转运动

扫一扫，视频同步学

身体躯干保持
挺直

① ②

1. 双脚开立，与肩同宽，两臂平屈，手心朝下，目视前方。
2. 然后两臂姿势不变，上身左转，直至最大程度，连续转体2次。
3~4. 回到起始位置，上身右转，直至最大程度，连续转体2次后回正。重复动作。

▌其他角度动作展示

头部随身体
转动

③ ④

体侧运动

手臂保持
伸直向上

① ② ③ ④

1~4. 双脚开立，与肩同宽，左臂置于身后，右臂上举，目视前方。右臂带动肩、腰部向左侧弯曲下压，直至身体右侧肌肉有拉伸感，连续侧屈2次。然后回正。

身体不要
向前俯身

⑤ ⑥ ⑦ ⑧

5~8. 换右臂置于身后，左臂上举，带动肩、腰部向右侧弯曲下压，直至身体左侧肌肉有拉伸感，连续侧屈2次后回正。重复动作。

第一章 初识击剑运动

第二章 热身运动

第三章 佩剑基本功

第四章 佩剑基本技术

第五章 佩剑体能训练

第六章 佩剑高手进阶

腰部环绕

教练提示

在环绕过程中，核心收紧，保持身体稳定。

双臂保持
伸直

身体沿顺
时针转动

①   ②   ③   ④

环绕一周后回
到起始位置

⑤   ⑥   ⑦   ⑧

1. 两脚开立，与肩同宽，上体俯下，两臂保持自然下垂。

2~8. 以髋部为中心，上肢带动腰腹部顺时针画圆一周，回到起始位置。再沿着逆时针方向画圆，带动身体旋转一周，回到起始动作。重复动作。

2.5 腿部运动

腿部运动可以增强腿部肌肉的柔韧性，保持腿部肌肉的弹性。在不同强度运动的刺激下，可以让腿部肌肉更具力量。

弓步侧压腿

扫一扫，视频同步学

1. 双脚开立，与肩同宽，双手自然放在体侧，目视前方。
2. 右腿屈膝，身体重心下降，左腿向左侧伸直，重心位于右腿上，右手辅助支撑地面以保持平衡，左手置于左大腿内侧近膝处以辅助下压。向下压腿，核心收紧，上身保持正直，不要来回晃动。
3. 换另一侧屈膝压腿。重复动作。

其他角度动作展示

下压左腿 ⇒ 下压右腿

①

拉伸侧腿伸直，脚尖向上

②

上身保持挺直

③

第一章 初识击剑运动

第二章 热身运动

第三章 佩剑基本功

第四章 佩剑基本技术

第五章 佩剑体能训练

第六章 佩剑高手进阶

弓步正压腿

脚尖方向
与膝盖保
持一致

1. 右腿前迈一大步，屈膝成弓步，左腿向后，脚尖踩地。双手置于右膝上。

2. 向下压腿，上身保持正直，不能来回晃动。连续下压数次。

3~4. 换左腿成弓步，屈膝压腿，连续下压数次。重复动作。

①

②

其他角度动作展示

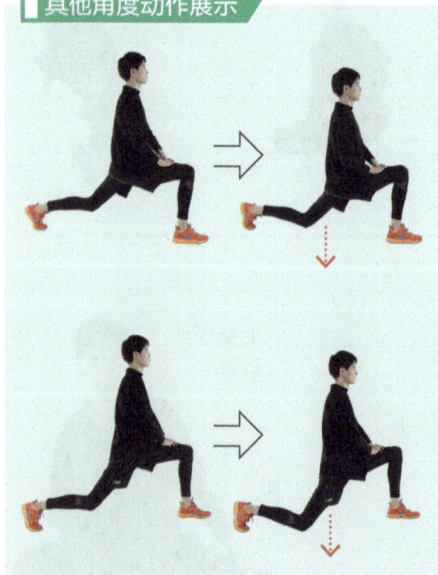

上身挺直，
目视前方

③

④

双腿拉伸

扫一扫，视频同步学

第一章 初识击剑运动

第二章 热身运动

第三章 佩剑基本功

第四章 佩剑基本技术

第五章 佩剑体能训练

第六章 佩剑高手进阶

①

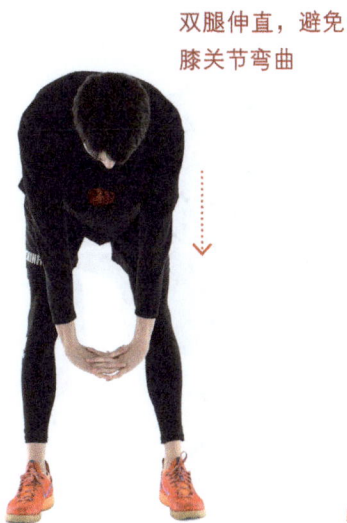

双腿伸直，避免
膝关节弯曲

②

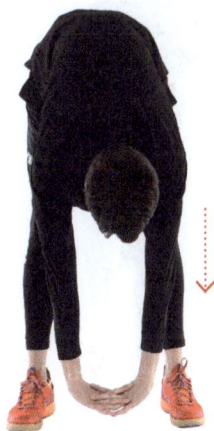

③

1. 双脚开立，与肩同宽，双臂下垂，两手十指交叉，掌心向下。

2~3. 身体前屈，两腿绷直，两手下压，连续下压数次。重复动作。

其他角度动作展示

身体前屈

两手下压

2.6 臀部运动

　　臀部运动主要可以很好地激活臀大肌，从而更好地启动身体机能来实现全身的运动，同时也可以紧实臀部肌肉，预防腰部疾病。

臀肌动态拉伸

核心收紧，躯干保持稳定

① ②

1. 身体直立，双手叉腰，右腿支撑身体，左腿屈膝抬起，大小腿之间成90度，大腿与地面平行。

2. 左腿向左侧外旋至最大幅度。然后回到起始姿势。

3~4. 换另一侧腿重复该动作，左腿支撑身体，右腿屈膝抬起，外旋至最大幅度。回到起始姿势，重复动作。

腿部移动，保证速度均匀

③ ④

■ 其他角度动作展示

第一章 初识击剑运动

第二章 热身运动

第三章 佩剑基本功

第四章 佩剑基本技术

第五章 佩剑体能训练

第六章 佩剑高手进阶

2.7 手腕脚踝运动

手腕和脚踝虽不像臀部、肩部承受较大压力，若在练习过程中出现关节僵硬的情况则会导致身体受到严重损伤，因此保证手腕脚踝的灵活也至关重要。

扫一扫，视频同步学

手腕和右侧脚踝

右脚沿顺时针方向转动

① ② ③

1. 左腿站直支撑身体，右脚尖点地。十指交叉于胸前。

2~3. 顺时针转动右脚踝，同时两手手腕随之保持同方向转动。随后逆时针转动右脚踝，两手手腕同时沿逆时针方向转动。重复动作。

教练提示

手腕和脚踝同方向转动时，注意保持动作的协调性，速度不要太快，否则容易给手腕和脚踝带来伤害。

手腕和左侧脚踝

1~2. 右腿站直支撑身体，左腿脚尖点地。十指交叉于胸前。左脚踝顺时针转动，两手手腕跟随。

① ②

左脚沿顺时针
方向转动

3~4. 逆时针方向转动左脚踝，同时两手手腕跟随，保持同方向转动。重复动作。

教练提示

击剑运动中的快速移动，以及持剑手臂的攻防动作，都需要手腕和脚踝有高度的灵活性。

③ ④

第三章

佩剑基本功

佩剑训练中最重要的就是掌握基本功，基本的手法和步法、正确的握剑姿势和实战姿势都是极其重要的学习内容，有利于提高击剑水平。只有具备扎实的基本功，才能在训练和比赛中更加得心应手。

接下来，我们讲解一下有关佩剑基本功的内容。

实战姿势

实战姿势，即参赛者开始比赛时的准备姿势。所有击剑动作开始时，都需要从实战姿势开始。

扫一扫，视频同步学

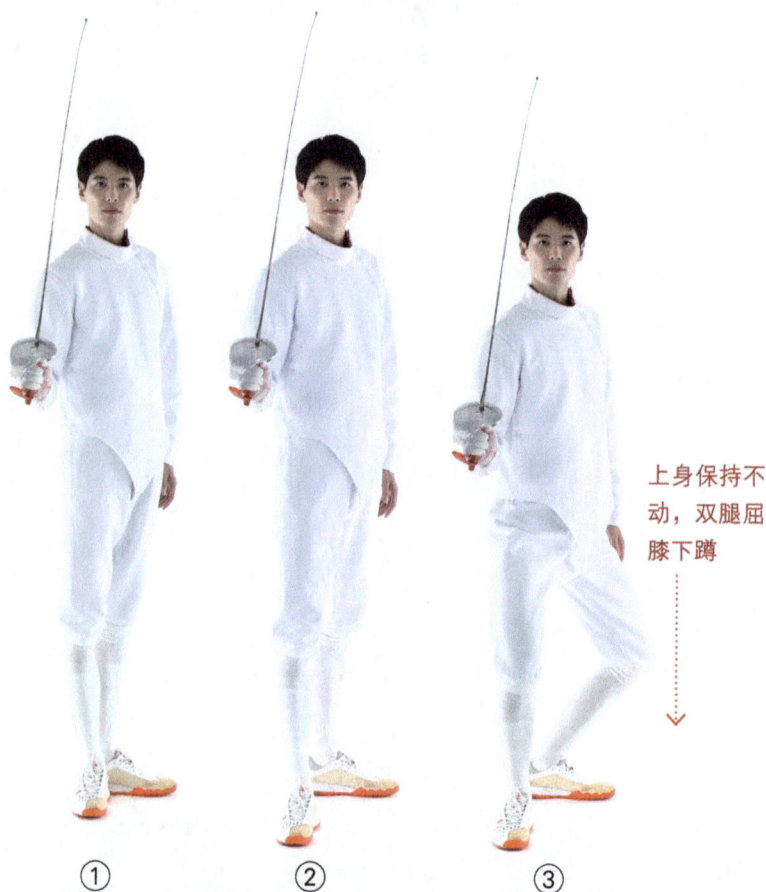

实战姿势

步法示意图

准备，右脚向前
迈步后下蹲。

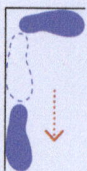

上身保持不动，双腿屈膝下蹲

①   ②   ③

1. 脚的位置：一般是右脚在前（左手持剑则是左脚在前），脚尖正对前方；左脚在后，脚尖朝左，左脚后跟位于右脚跟向后的延长线上，且左脚垂直于延长线。双脚成直角（丁字步），两脚尖相距约一步半，膝关节打开。

2. 持剑臂向前自然弯曲，上臂、肘关节靠近体侧（留出一拳距离），前臂与地面平行，手腕与肘在一条直线上，护手盘月牙朝向偏外，以保护手的外侧和下面，剑尖朝向对手头部及其正中间位置靠右一点。非持剑手在体侧自然放松下垂，不遮挡有效区域，保持身体平衡。

3. 双膝屈曲，右腿膝部与右脚脚尖在同一条垂直于地面的线上，左腿膝部与左脚脚尖在同一条垂直于地面的线上，身体重心介于双脚之间。保持身形稳定。

第一章 初识击剑运动

第二章 热身运动

第三章 佩剑基本功

第四章 佩剑基本技术

第五章 佩剑体能训练

第六章 佩剑高手进阶

教练提示

前脚脚尖略微抬起，保证
重心自然过渡。

❌ 错误姿势

握手柄过于
向前。

握手柄过于
向后。

三角肌

胸大肌

肱二头肌

腹直肌

其他角度动作展示

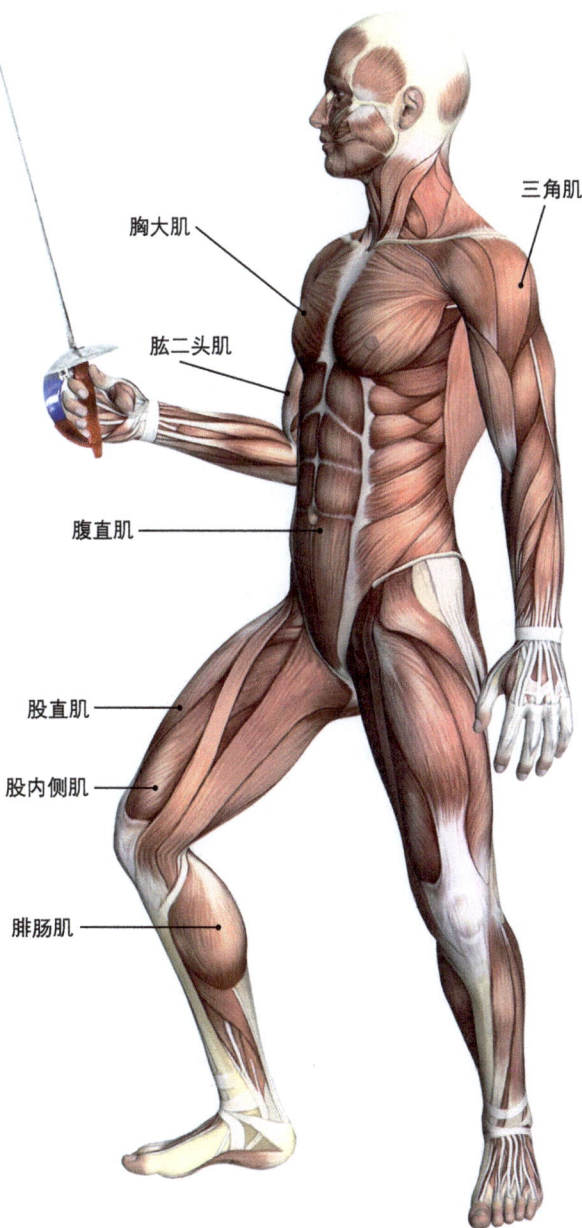

股直肌

股内侧肌

腓肠肌

3.2 手法

由于佩剑的剑柄微微弯曲，背面较宽，后端与护手盘的月牙相连，因此握柄时将剑柄握在大拇指和食指第一指节，大拇指和食指主捏住手柄为主要发力点，其余三个手指为辅助扣住手柄，掌心位置空出来（不要握紧），便于灵活地操控剑身。

⚔ 3.2.1 劈法

劈法是佩剑的重要进攻技术，这里以右手持剑为例，分别介绍针对一些部位的劈法。佩剑中，我们会将身体有效部位划分为若干区域，称为防守部位，有助于针对性地攻击和防御，以及训练。这些防守部位中，常用的有3号、4号、5号防守部位，以右手持剑为例，这三个防守部位针对的分别是持剑手臂区域、非持剑手臂区域、头部区域。

扫一扫，视频同步学

劈身体左侧又称为打3

从实战姿势开始，肘关节带动前臂向左前方移动伸臂，控制剑尖向内旋转，护手盘朝外，剑尖对准对方3号位，手指发力，完成出手动作（左手持剑时，打的方向刚好与右手持剑方向相反）。

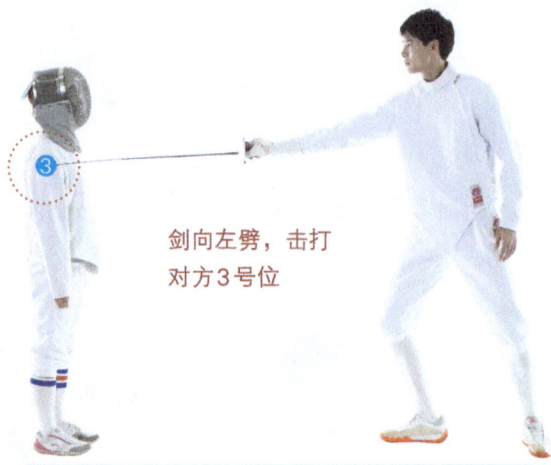

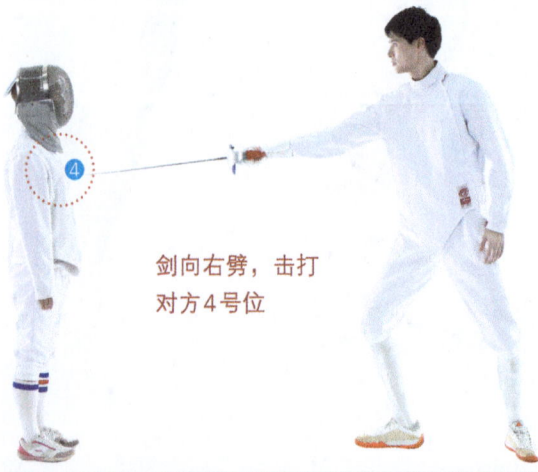

剑向左劈，击打对方3号位

剑向右劈，击打对方4号位

扫一扫，视频同步学

劈身体右侧又称为打4

从实战姿势开始，肘关节带动前臂向右前方伸展，手指往外旋转，护手盘朝下，击打对方4号位，完成劈刺。发力完注意肘部保持自然弯曲放松状态。

劈头又称为打5

从实战姿势开始，肘关节带动前臂向前伸展，手臂上抬，护手盘朝下，完成劈刺。发力完注意肘部保持自然弯曲放松状态。

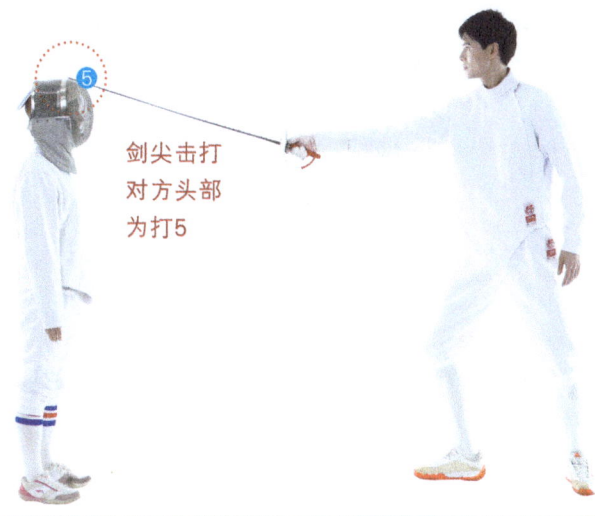

剑尖击打
对方头部
为打5

3.2.2 刺法

佩剑的刺法主要是直刺。

直刺

保持实战姿势，手臂在向前伸的过程中内旋，剑尖指向目标。手臂带动剑前伸，靠近目标时，向前刺出。刺中目标时，剑身弓形向上，手腕略上抬。动作还原时，手腕与肘关节后撤，同时前臂外旋还原为实战姿势。

剑尖刺到目标后，手腕上抬，使剑身弓起

第一章 初识击剑运动

第二章 热身运动

第三章 佩剑基本功

第四章 佩剑基本技术

第五章 佩剑体能训练

第六章 佩剑高手进阶

3.3 步法

步法是击剑时脚部移动的技术。它是击剑运动的基本技术之一。佩剑中禁止使用冲刺步和向前交叉步。

⚔ 3.3.1 向前一步

向前一步是击剑最基本的步法之一，需要熟练掌握。

1~3. 实战姿势开始。左脚先踩地发力。右脚勾起脚尖往前，脚跟贴近地面迈出约一脚距离，左脚跟随向前一步，两脚几乎同时落地。每一次做向前一步的动作时，重新回到实战姿势，且两脚尖距离不变。随着右脚的迈出，重心跟随向前，放在两脚之间。

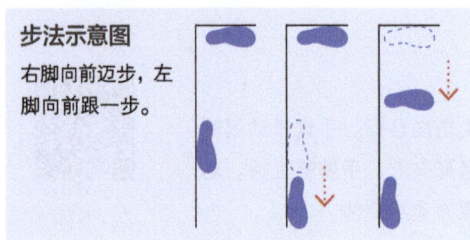

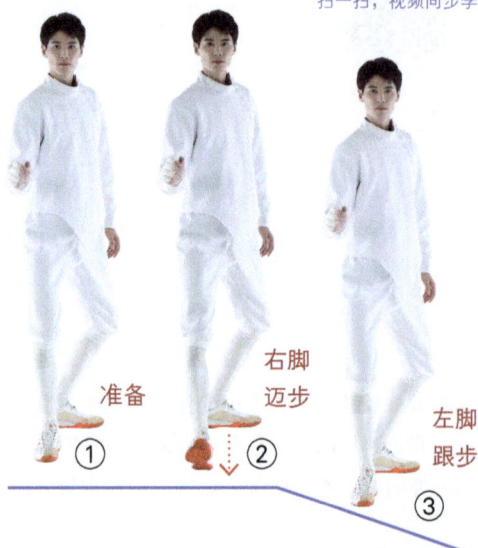

步法示意图
右脚向前迈步，左脚向前跟一步。

准备 ①

右脚迈步 ②

左脚跟步 ③

⚔ 3.3.2 后退一步

向后一步也是击剑最基本的步法之一，需要熟练掌握。

准备 ①

左脚退步 ②

右脚退步 ③

1~3. 实战姿势开始。右脚先发力以全脚掌踩地，左脚脚尖贴地，后移一脚距离，全脚落地。右脚跟随，用脚跟贴地后移一步（约一脚），再全脚掌着地。重心同躯干随前脚掌蹬地而后移。前后幅度不要过大，保持平稳。

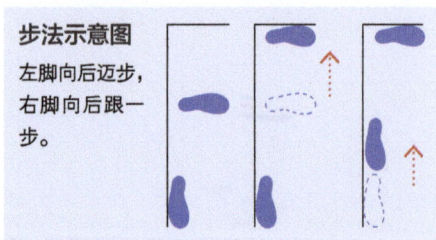

步法示意图
左脚向后迈步，右脚向后跟一步。

⚔ 3.3.3　后退交叉步

击剑基本步法之一，即向后做一个交叉步，和对方拉开距离。

扫一扫，视频同步学

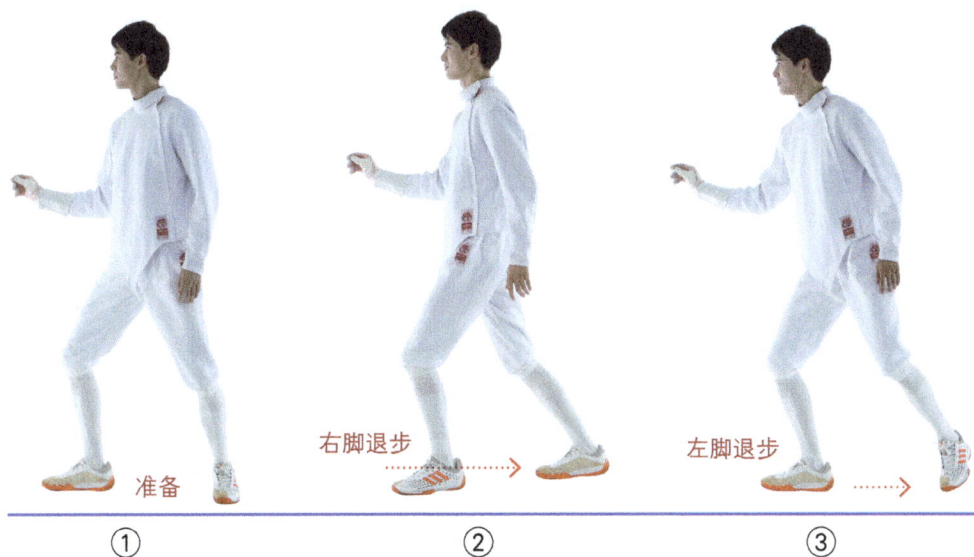

准备　　　①

右脚退步　②

左脚退步　③

1~3. 由实战姿势开始，左脚蹬地发力，右脚后退一步。左脚向后跨过右脚的脚后跟，落于右脚后，成为一个交叉步。

左脚落地，身体重心后移

④

✖ 错误姿势

进行后退的时候，是为了躲避攻方进攻，应避免身体前倾格挡，否则可能会被进攻方打到。

4. 随着左脚的落地，右脚跟随调整为全脚掌着地，身体重心跟随移动，保持身体稳定。

第一章 初识击剑运动

第二章 热身运动

第三章 佩剑基本功

第四章 佩剑基本技术

第五章 佩剑体能训练

第六章 佩剑高手进阶

⚔ 3.3.4 弓步

扫一扫，视频同步学

实战姿势后，是一个弓步的完成动作，即踢、伸、蹬连贯在一起。该动作讲究整体性。弓步在击剑运动的身体移动中发挥着重要作用，无论是前移、后移都需要弓步移动，所以一定要保证正确的弓步完成动作。

1~2. 由实战姿势开始。右脚脚尖勾起，右手向前伸出，同时脚跟擦地面向前。

右脚勾起脚尖，前迈

① ②

3. 以膝关节为轴，将右腿小腿摆出，且膝部未完全打开时，小腿带动大腿向前，身体重心随之向前。左脚脚掌蹬地发力，将胯部向前送出，将左腿完全打开。右脚脚跟先着地，脚掌后着地，身体重心前移时，右腿膝部随之前送，使小腿垂直于地面，同时右臂伸直，左臂后摆，保持身体平衡。此时为弓步姿势。

右腿呈弓步，大腿与地面平行

③

🛡 教练提示

弓步大小取决于击剑者的先天身体条件、速度、力量、爆发力及身体的柔韧度等。先天身体条件包括双腿的长度、大腿与小腿的比例等。另外，根据战术要求，也可以调整弓步的大小。

✖ 3.3.5 一步弓步

一步弓步，即向前跨出一步，再接一个弓步进攻，是向前进攻的基本步法。

扫一扫，视频同步学

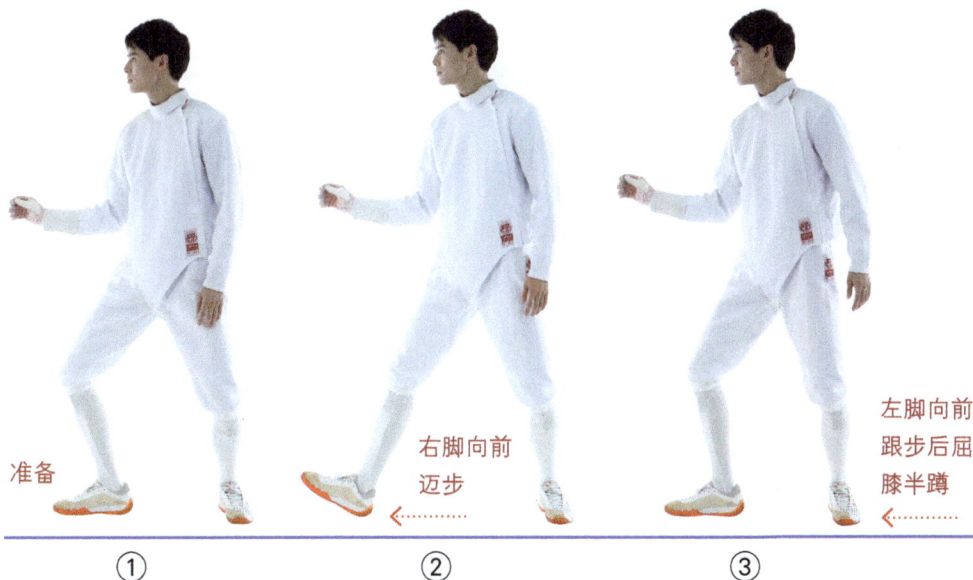

准备

右脚向前
迈步

左脚向前
跟步后屈
膝半蹲

①　　　　　②　　　　　③

1~3. 保持实战姿势，将身体重心放在两脚之间。前脚前迈一步，脚跟先触地，接着全脚着地，后脚快速跟进，两脚几乎同时落地。

弓步出剑

右脚向跨步
成前弓步

④

教练提示

向前一步的距离不要过大，甚至有意做得比常规距离小一些，这样启动更快，并能获得加速和合理的节奏。

4. 后脚落地后蹬地发力开始做弓步，右腿小腿做弓步前摆，身体重心随之前移，直至左腿完全打开。

第一章 初识击剑运动

第二章 热身运动

第三章 佩剑基本功

第四章 佩剑基本技术

第五章 佩剑体能训练

第六章 佩剑高手进阶

🤺 3.3.6 两步弓步

两步弓步，即向前连续跨出两步，再用一个弓步进攻，是向前进攻的基本步法，在与对方距离稍远且需要进攻时使用。

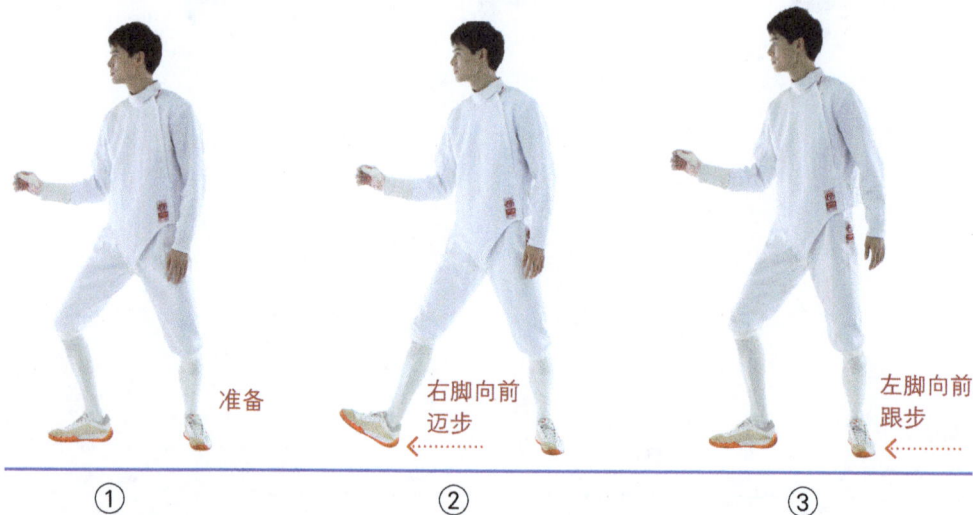

扫一扫，视频同步学

准备

右脚向前
迈步

左脚向前
跟步

① ② ③

1~5. 实战姿势开始，注意向前两步，要连贯。第一步，右脚前迈一脚距离，脚跟先着地，然后脚尖着地，左脚蹬地发力，进行第二步。第二步动作和第一步大致一样，但可根据时机和节奏进行变化，速度上可以比第一步更快。

右脚向
前二次
迈步

弓步出剑

左脚向前
再跟步

右脚向跨步
成前弓步

④ ⑤ ⑥

6. 从第二步到弓步的动作同一步弓步大致一样，但更要控制自己的身体不要过于前倾和摇晃。

第一章 初识击剑运动

第二章 热身运动

第三章 佩剑基本功

第四章 佩剑基本技术

第五章 佩剑体能训练

第六章 佩剑高手进阶

3.3.7 跃步

跃步，击剑的基本步法，可分为向前跃步和向后跃步，是攻击和防守的常用步法。

扫一扫，视频同步学

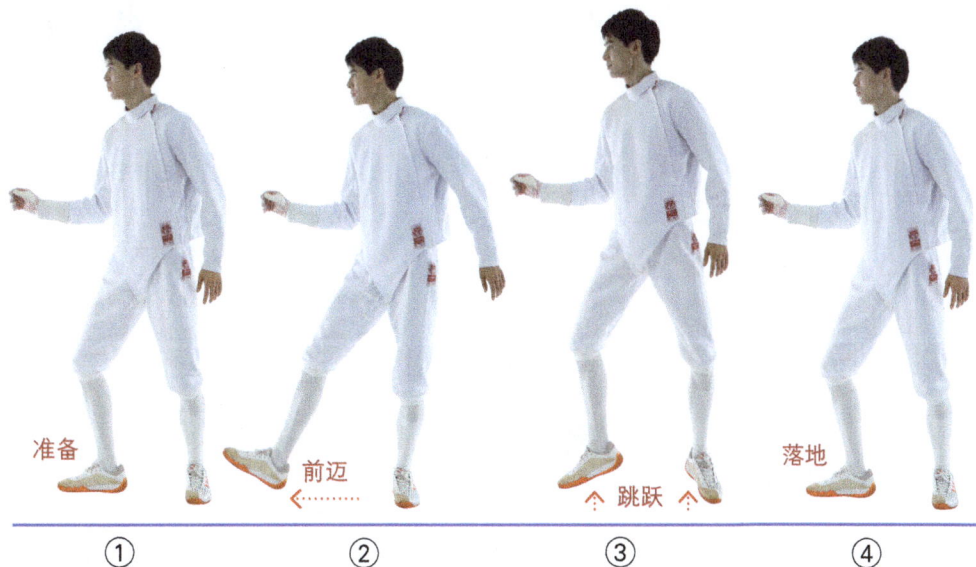

准备 ① 前迈 ② 跳跃 ③ 落地 ④

1~4. 由实战姿势开始，右腿迈步抬起，左脚跟随蹬地发力并向前跳跃出一小步，之后双脚同时落地，且落地只有一个声音。

其他角度动作展示

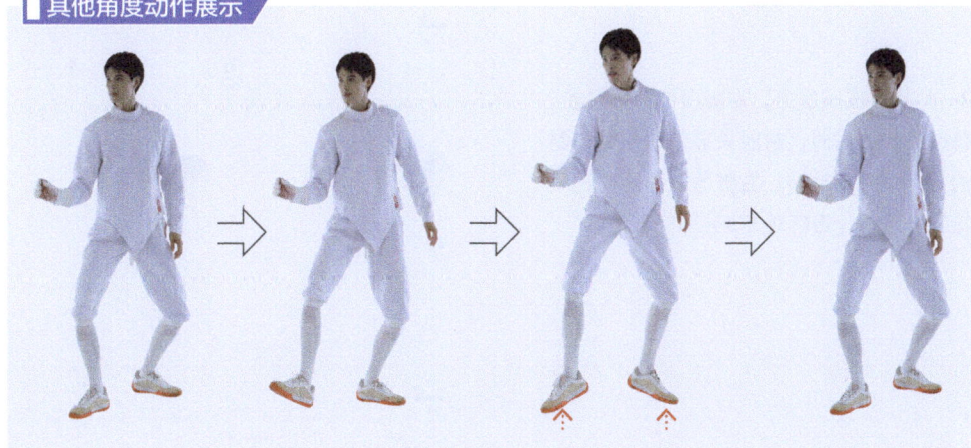

⚔ 3.3.8 跃步弓步

跃步弓步，是跃步加上弓步的步法，分为前跃步弓步与后跃步弓步。在与对方距离稍远时，常使用跃步弓步。

打3

准备

①

1. 由实战姿势开始，右脚在前，左脚在后，右手持剑。

2. 右脚脚跟抬起，小腿向前摆动，左脚蹬地发力，推动身体向前跃出一小步，注意双脚一起落地，落地后仍是右脚在前，左脚在后。

右脚向前迈步

②

③ ⇧跳跃⇧

3~4. 接着左脚发力，右脚向前跨出弓步。跨出弓步的同时，右肘关节带动手臂和剑的护手盘往内旋转。右脚落地的同时，手指发力压剑，击打对方3号防守部位。

打3

3

④

打4

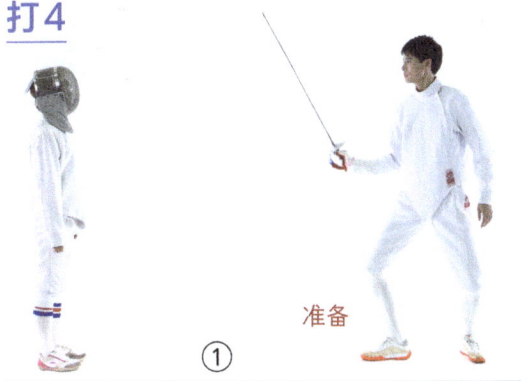

准备
①

扫一扫，视频同步学

1. 由实战姿势开始，右脚在前，左脚在后，右臂持剑。

2. 右脚脚跟提起，小腿向前摆动，左脚蹬地发力，推动身体向前跃出一小步，注意双脚一起落地，落地后仍是右脚在前，左脚在后。

右脚向前迈步
②

教练提示

跃步弓步可以缩短弓步的启动时间，使弓步的完成动作更快。

↑跳跃↑
③

3~4. 接着左脚发力，右脚向前跨出弓步。跨出弓步的同时，右肘关节带动手臂和剑护手盘往外旋转。右脚落地的同时，手指发力，击打对方4号防守部位。

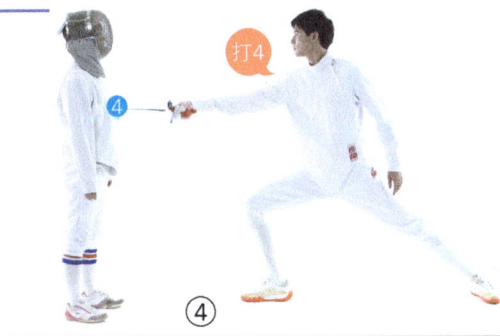

打4
④
④

第一章 初识击剑运动

第二章 热身运动

第三章 佩剑基本功

第四章 佩剑基本技术

第五章 佩剑体能训练

第六章 佩剑高手进阶

打5

准备

①

扫一扫，视频同步学

教练提示

要加快自己进攻的速度，想给对方造成强大的威胁时，可以使用跃步弓步。

右脚向前
迈步

②

1. 由实战姿势开始，右脚在前，左脚在后，右手持剑。

2. 右脚脚跟提起，小腿向前摆动，左脚蹬地发力，推动身体向前跃出一小步，注意双脚一起落地，落地后仍是右脚在前，左脚在后。

③ 跳跃

3~4. 接着左脚发力，右脚向前跨出弓步。落地的同时，肘关节带动手臂向前伸展，手指发力，打中对方第5防守部位，即对方的面罩部位。

打5

④

一步跃步弓步打3

扫一扫，视频同步学

第一章 初识击剑运动

第二章 热身运动

第三章 佩剑基本功

第四章 佩剑基本技术

第五章 佩剑体能训练

第六章 佩剑高手进阶

准备

①

右脚向前迈步

②

1~2. 由实战姿势开始，右脚在前，左脚在后，右臂持剑。然后右脚脚尖上抬，左脚发力，右脚向前迈出一步。

左脚向前跟步

③

右脚向前，准备做跃步

④

3. 左脚跟随右脚向前迈一小步。

4. 接着右脚脚跟提起，小腿向前摆动，左脚蹬地发力，准备推动身体向前跃出一小步。

跳跃

⑤

打3

3

⑥

5. 左脚蹬地发力，身体向前跃出一小步。注意双脚一起落地，落地后仍是右脚在前，左脚在后。

6. 紧接着再左脚发力，右脚向前跨出成弓步。右肘关节带动手臂和剑护手盘往内旋转。右脚落地之前，手指发力出剑，击打对方3号防守部位。

一步跃步弓步打4

扫一扫，视频同步学

准备

①

右脚向前
迈步

②

1~2. 由实战姿势开始，右脚在前，左脚在后，右手持剑。然后右脚脚尖上抬，左脚蹬地发力，右脚向前迈出一步。

左脚向前
跟步

③

右脚向前，准
备做跃步

④

3. 左脚跟随右脚向前迈一小步。

4. 接着右脚脚跟抬起，小腿向前摆动。

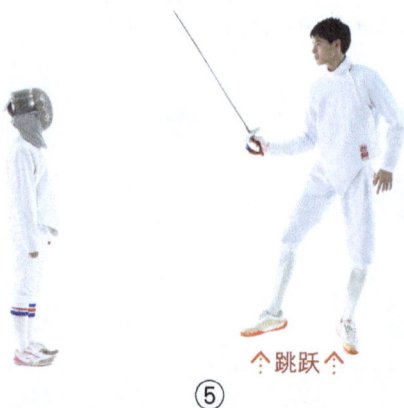

跳跃

⑤

打4

④

⑥

5. 左脚蹬地发力，身体向前跃出一小步。注意双脚一起落地，落地后仍是右脚在前，左脚在后。

6. 紧接着左脚再次蹬地发力，右脚向前跨出成弓步。右肘关节带动手臂和剑护手盘向内旋转。右脚落地的同时，手指发力，击打对方4号防守部位。

一步跃步弓步打5

① 准备

② 右脚向前迈步

1~2. 由实战姿势开始，右脚在前，左脚在后，右手持剑。右脚脚尖上抬，左脚发力，右脚向前迈出一步。

③ 左脚向前跟步

④ 右脚向前，准备做跃步

3. 左脚跟随右脚向前迈一小步。

4. 接着右脚脚跟提起，小腿向前摆动。

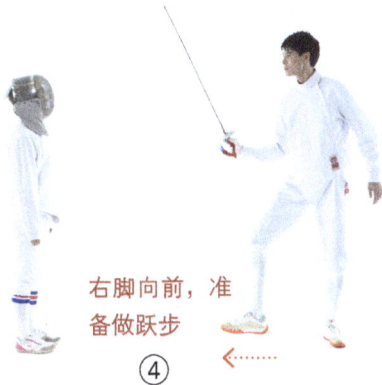

⑤ 跳跃

⑥ 打5

5. 左脚蹬地发力，身体向前跃出一小步。注意双脚一起落地，落地后仍是右脚在前，左脚在后。

6. 紧接着左脚再次蹬地发力，右脚向前跨出成弓步。右肘关节带动手臂向前上方伸直。右脚落地的之前，手指下压剑的护手盘发力，击打对方5号防守部位。

第一章 初识击剑运动

第二章 热身运动

第三章 佩剑基本功

第四章 佩剑基本技术

第五章 佩剑体能训练

第六章 佩剑高手进阶

两步跃步弓步打3

准备

① ②

1~3. 由实战姿势开始，右脚在前，左脚在后，右手持剑。然后右脚脚尖上抬，左脚发力，右脚向前迈出一步，左脚跟进一步。

右脚向前
迈步

④ ⑤

4~5. 然后右脚脚尖继续上抬，左脚发力，右脚再向前迈出一步，左脚再跟进一步。

6~7. 右脚脚跟抬起，小腿向前摆动，左脚蹬地发力，推动身体向前跃出一小步。

⑦ ⇧跳跃⇧

右脚向前
迈步

左脚向前
跟步

③

左脚向前
跟步

右脚向前，准
备做跃步

⑥

打3

③

⑧

扫一扫，视频同步学

8. 紧接着左脚再次蹬地发力，右脚
向前跨出成弓步。右肘关节带动手
臂和剑往内转。右脚落地之前，手
指发力，击打对方3号防守部位。

第一章 初识击剑运动

第二章 热身运动

第三章 佩剑基本功

第四章 佩剑基本技术

第五章 佩剑体能训练

第六章 佩剑高手进阶

两步跃步弓步打4

准备

① ②

1~3. 由实战姿势开始，右脚在前，左脚在后，右臂持剑。右脚脚尖上抬，左脚发力，右脚向前迈出一步，左脚跟进一步。

右脚向前
迈步

④ ⑤

右脚向前，准
备做跃步

⑥ ⑦

6~7. 接着右脚脚跟抬起，小腿向前摆动，左脚蹬地发力，推动身体向前跃出一小步。

右脚向前
迈步

左脚向前
跟步 ③

扫一扫，视频同步学

4~5. 然后右脚脚尖继续上抬，左脚发力，右脚再向前迈出一步，左脚再跟进一步。

左脚向前
跟步

打4

④

跳跃

⑧

8. 紧接着左脚再次蹬地发力，右脚向前跨出成弓步。右肘关节带动手臂和剑护手盘往外旋转。右脚落地的同时，手指发力，击打对方4号防守部位。

第一章 初识击剑运动

第二章 热身运动

第三章 佩剑基本功

第四章 佩剑基本技术

第五章 佩剑体能训练

第六章 佩剑高手进阶

两步跃步弓步打5

① 准备 ②

1~3. 由实战姿势开始，右脚在前，左脚在后，右手持剑。然后右脚脚尖上抬，左脚发力，右脚向前迈出一步，左脚跟进一步。

④ 右脚向前迈步 ⑤

4~5. 然后继续右脚脚尖上抬，左脚发力，右脚向再前迈出一步，左脚再跟进一步。

6~7. 接着右脚脚跟抬起，小腿向前摆动，左脚蹬地发力，推动身体向前跃出一小步。

8. 紧接着左脚再次蹬地发力，右脚向前跨出成弓步。右肘关节带动手臂和剑向前上方伸直。右脚落地的同时，手指下压发力，击打对方5号防守部位。

扫一扫，视频同步学

⑦

80

右脚向前
迈步

左脚向前
跟步

③

左脚向前
跟步

右脚向前
迈步

⑥

⑤

打6

↑跳跃↑

⑧

第一章 初识击剑运动

第二章 热身运动

第三章 佩剑基本功

第四章 佩剑基本技术

第五章 佩剑体能训练

第六章 佩剑高手进阶

佩剑基本技术

　　佩剑的基本技术主要可以从进攻、防守及攻防转换三个方面来了解。通过不断练习并在实战中灵活运用，从而掌握不同的进攻节奏、组合步法和防守还击策略。

　　接下来，我们讲解一下有关佩剑基本技术的内容。

4.1 进攻姿势

随着佩剑的技术发展越来越成熟，在进攻方面，更着重培养进攻的伸展性，以及运动员的进攻意识。本节我们主要讲解进攻技术，包括向前一步进攻、向前两步进攻、低位进攻，以及高位进攻。

4.1.1 向前一步进攻

向前一步进攻，是指先向前做一个跃步，然后再进行针对性的进攻动作，如打3、打4、打5等。以下讲解均以双方右手持剑为例。

扫一扫，视频同步学

打3

准备 迈步 跳跃 落地
① ② ③ ④

手腕内旋 剑尖击打对方持剑手臂
迈步 跟步
⑤ ⑥ ⑦

1~4. 实战姿势开始，右脚准备前迈步，左脚跟步同时跳起向前小跳一步，做跃步。两脚距离不变，同时落地。

5~7. 右脚迈步，肘关节带动手臂，剑护手盘方向往内旋转，左脚跟步，手指发力，出剑打中对方3号防守部位，即对方持剑手臂侧有效区域。

第一章 初识击剑运动

第二章 热身运动

第三章 佩剑基本功

第四章 佩剑基本技术

第五章 佩剑体能训练

第六章 佩剑高手进阶

打4

1. 实战姿势开始。
2. 右脚准备迈步。

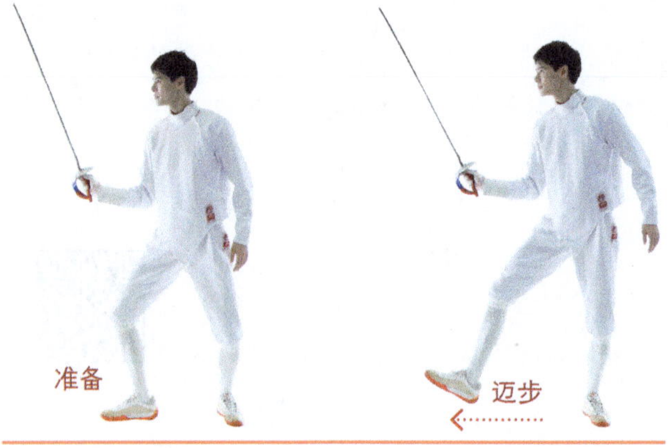

准备

①

迈步

②

3. 左脚跟步后，两脚同时跃起向前小跳一步，做跃步。
4. 两脚距离不变，同时落地。

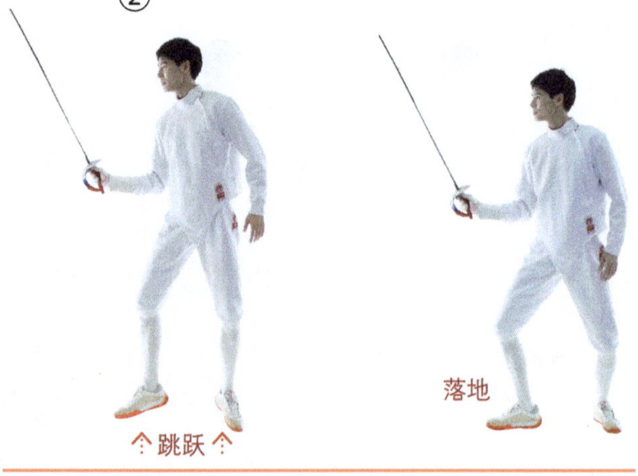

跳跃

③

落地

④

手腕外旋

迈步

⑤

④

跟步

⑥

剑尖击打对方
非持剑手臂

⑦

5~7. 右脚迈步同时，左脚跟步，肘关节带动手臂，手指发力，打中对方4号防守部位，即对方非持剑手臂有效区域。

84

打5

扫一扫，视频同步学

第一章 初识击剑运动

第二章 热身运动

第三章 佩剑基本功

第四章 佩剑基本技术

第五章 佩剑体能训练

第六章 佩剑高手进阶

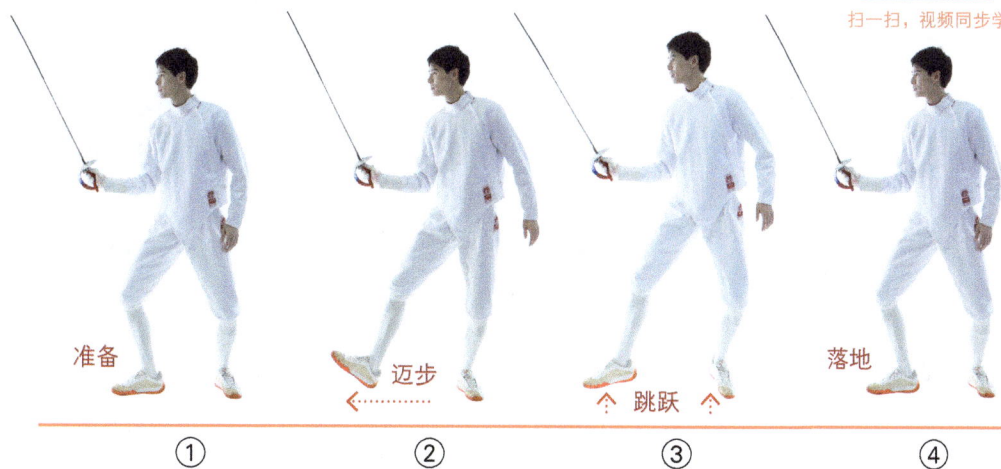

准备 ① 　迈步 ② 　跳跃 ③ 　落地 ④

1~4. 实战姿势开始，右脚准备前迈步，左脚跟步同时跳起向前小跳一步，做跃步。两脚距离不变，同时落地。

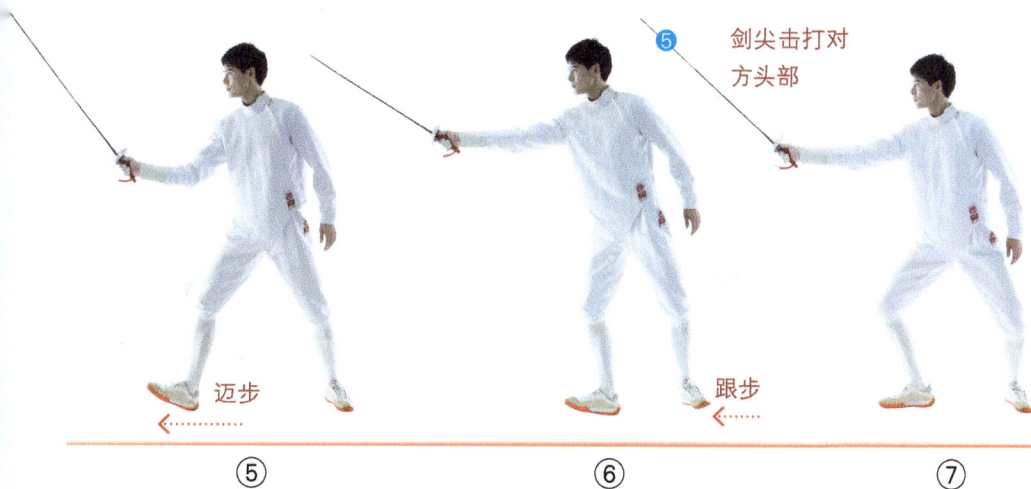

⑤剑尖击打对方头部

迈步 ⑤ 　跟步 ⑥ 　⑦

5~7. 右脚迈步，左脚跟步，手臂上抬发力，打中对方第5防守部位，即对方的面罩有效部位。

> **动作要领**
>
> 向前攻击做击打动作时，手臂要充分前伸，给对方形成足够的威胁。手臂前伸在前脚落地之前或保持一致，可以借助前脚落地的力量，扩大攻击距离。

85

✖ 4.1.2　向前两步进攻

　　向前两步进攻，是指向前做一个跃步，再做一个跃步，然后再进行针对性的进攻动作，如打3、打4、打5等。以下讲解均以双方右手持剑为例。

打3

准备　　　　迈步　　　　跳跃　　　　落地

①　　　②　　　③　　　④

1~4. 实战姿势开始，右脚准备前迈步，左脚跟步同时跳起向前小跳一步，做出一次跃步。两脚距离不变，同时落地。

手腕内旋　　　　迈步跃步　　　　剑尖击打对方持剑手臂　　　　落地

⑤　　　　　　⑥

5. 按照同样的方法进行二次跃步，同时手腕内旋准备出剑。

6. 肘关节带动手臂，剑护手盘方向往内旋转，手指发力，两脚距离不变，落地的同时打中对方第3防守部位，即对方持剑手臂有效部位（左手持剑的运动员，击打方向相反）。

打4

扫一扫，视频同步学

第一章 初识击剑运动

第二章 热身运动

第三章 佩剑基本功

第四章 佩剑基本技术

第五章 佩剑体能训练

第六章 佩剑高手进阶

准备　　　　　迈步　　　　↗ 跳跃 ↖　　　　落地

① ② ③ ④

1~4. 实战姿势开始，右脚准备前迈步，同时左脚跟步同时跳起向前小跳一步，做出一次跃步。两脚距离不变，同时落地。

手腕外旋

4

剑尖击打对方
非持剑手臂

迈步跃步

⑤ ⑥

5. 按照同样的方法进行二次跃步，同时手腕外旋准备出剑。

6. 肘关节带动手臂，剑护手盘方向往外旋转，手指发力，两脚距离不变，落地的同时打中对方第4防守部位，即对方非持剑手臂有效部位（左手持剑的运动员，击打方向相反）。

打5

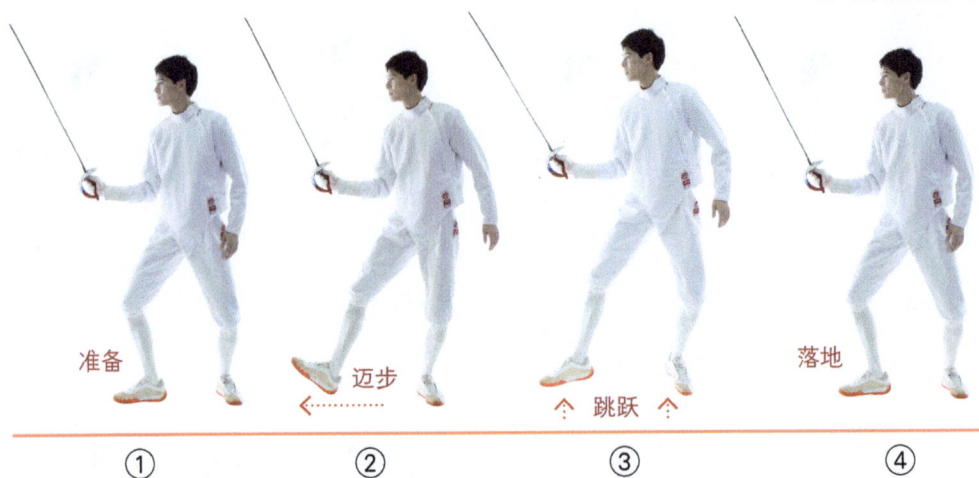

准备　①　迈步　②　跳跃　③　落地　④

1~4. 实战姿势开始，右脚准备前迈步，左脚跟步同时跳起向前小跳一步，做出一次跃步。两脚距离不变，同时落地。

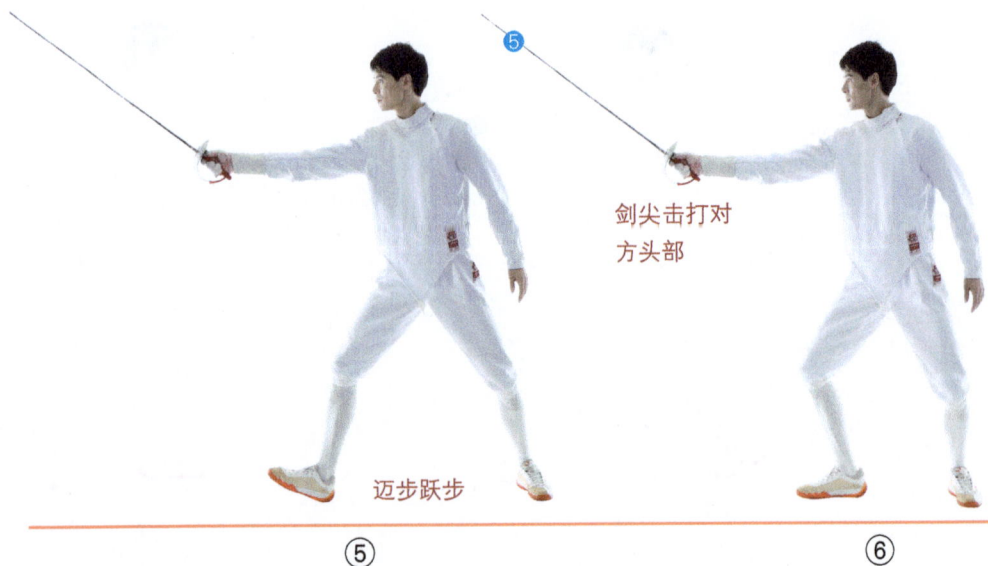

迈步跃步　⑤　　剑尖击打对方头部　⑥

5. 按照同样的方法进行二次跃步，同时手臂上抬准备出剑。

6. 肘关节带动手臂，剑护手盘上抬，手指发力，两脚距离不变，落地的同时打中对方第5防守部位，即对方的面罩有效部位。

4.1.3 低位进攻

按照进攻路线，佩剑的进攻可分为上线进攻和下线进攻，也就是进攻中最后出手攻击目标的路线。低位进攻指出手走下线部位的进攻。

手上动作连贯，距离把控得当，重心平稳前移

① ②

1~2. 实战姿势开始，原地跨弓步的同时，肘关节带动手腕向内转动，同时剑尖顺势跟着向内转动至指向地面。

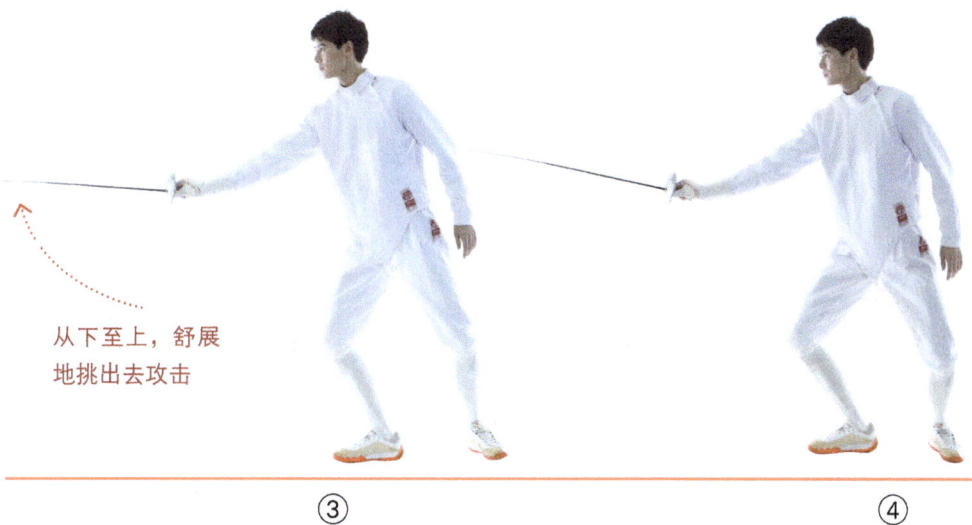

从下至上，舒展地挑出去攻击

③ ④

3~4. 然后手臂慢慢向前延伸，最后发力对准对方有效区域的最低位置，往上挑出去攻击，从下至上完全舒展地打出去（相当于去打对方的躯干位置）。

第一章 初识击剑运动

第二章 热身运动

第三章 佩剑基本功

第四章 佩剑基本技术

第五章 佩剑体能训练

第六章 佩剑高手进阶

⚔ 4.1.4 高位进攻

与低位进攻相反，高位进攻是指出手走上线部位的进攻，佩剑中的飞刺技术（Flunge技术）就是高位进攻技术，它的运用需要身体有良好的爆发力和核心控制能力。此技能常运用在对方距离自己比较远需要通过进攻逼迫对方失去重心的时候。

扫一扫，视频同步学

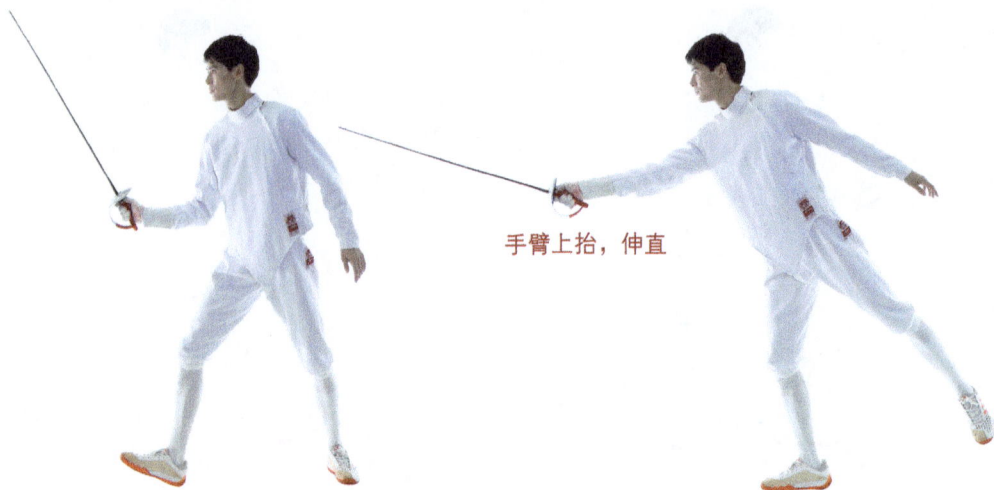

手臂上抬，伸直

① ②

1~2. 开始时保持实战姿势，右脚快速蹬地发力，向前跨，左脚跟随抬起。

持剑手臂快速架起，充分打开，刺击对方

🎖 教练提示

Flunge技术是兼具实用性、技术性和观赏性于一体的动作，需要运动员有好的爆发力，且身体核心稳定性好。

③

3. 借右脚蹬地的力度，身体向前方跃起，左臂向后打开配合，持剑手向前充分伸直，向前刺出。

4.2 防守技术

防守是指击剑中的防御动作，是指在对方的剑到达之前，己方用剑进行阻止，关闭对方进攻路线，以完成防守。防守有原地防守、后退防守及移动中进行防守。各种防守方式，主要针对3、4、5号位（即第3、4、5防守部位）进行防守。

4.2.1 原地防守

原地防守，即面对对方的进攻，在原地用剑封闭对方攻击路线的防守方式。这里讲解针对3、4、5号位的原地防守方法。

3号位防守

1. 双方实战姿势开始。
2~3. 图中左方发动进攻，根据左方出手打3的速度，当左方的剑几乎快到碰到右方的剑的时候，右方肘关节往身体内部收缩，手指带动护手盘往外转动，整个剑保护持剑手的外侧，护手盘月牙部分对准来剑的位置有效格挡开，剑尖时刻保持威胁对方有效区域。

扫一扫，视频同步学

准备
①

进攻　防3　③

原地防3，防守手腕外旋格挡

②　③

动作要领
判断出对方的意图后，持剑手臂迅速做出反应，肘部带动护手盘外旋，发力将对方剑格挡出自身的防守区域。

第一章 初识击剑运动

第二章 热身运动

第三章 佩剑基本功

第四章 佩剑基本技术

第五章 佩剑体能训练

第六章 佩剑高手进阶

4号位防守

准备
①

扫一扫，视频同步学

教练提示

实战姿势时，注意观察对方来意，做好充分的反应准备。

1. 双方实战姿势开始。

2. 图中左方发动进攻打4号位，右方肘关节带动手指手腕，向内侧平稳移动到自己身体4号位前方，用剑格挡对方的剑。

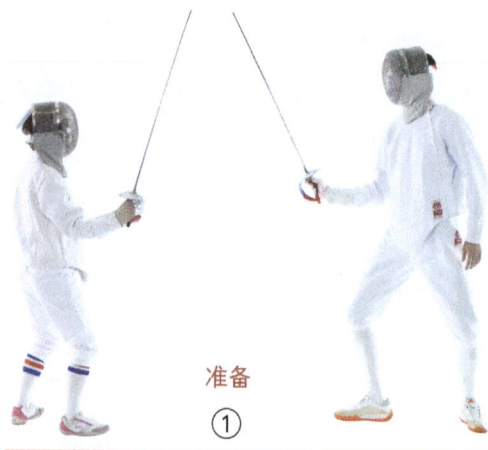

进攻

向胸前平移格挡

②

防4

原地防4，移动手中的剑进行格挡

③

3. 护手盘的月牙形状向着非持剑手方向，有效阻挡住对方来剑。

92

5号位防守

扫一扫，视频同步学

第一章 初识击剑运动

第二章 热身运动

第三章 佩剑基本功

第四章 佩剑基本技术

第五章 佩剑体能训练

第六章 佩剑高手进阶

①

🛡 **教练提示**

实战姿势时，注意观察对方来意，做好充分的反应准备。

1. 双方实战姿势开始。

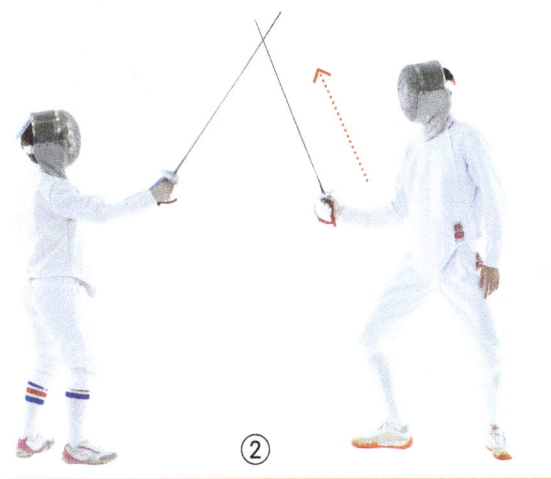

②

2. 图中左方发动进攻打5。右方知道对方要打5的意图之后，手臂准备架起防守。

3. 右方护手盘冲上，上臂与前臂之间的夹角成90度，把剑架在自己面罩的前上方1~2拳的距离，剑尖冲向己方另一手臂的方向。

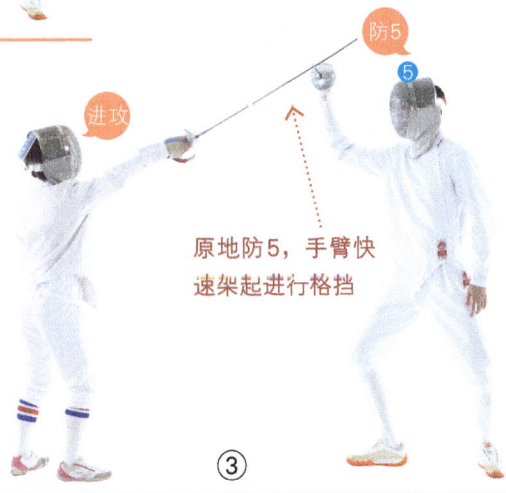

进攻 　防5　⑤

原地防5，手臂快速架起进行格挡

③

⚔ 4.2.2　后退一步防守

后退一步防守，是指面对对方强力进攻，在后退一步的同时进行防守动作。这里讲解针对3、4、5号位的后退一步防守方法。

3号位防守

①

1. 双方实战姿势开始。

扫一扫，视频同步学

腕部外旋格挡

②

进攻

防3

③

后退一步防3，将对方剑格挡出3号位

③

2~3. 图中左方发动进攻打3。右方进行防守，左腿先发力往后退一步，左脚即将落地的时候，肘关节往身体内部收缩，手指带动护手盘往外转动，整个剑保护持剑手的外侧，即3号位，护手盘月牙部分对准来剑的位置有效格挡开，剑尖时刻保持威胁对方有效区域。右脚落地回归实战姿势与手上防守几乎同时到位。

> **动作要领**
> 后退一步要迅速，同时保持身体稳定。防守格挡的时机，先于前脚落地时机或与脚保持一致，可以借助下肢力量进行格挡。

4号位防守

扫一扫，视频同步学

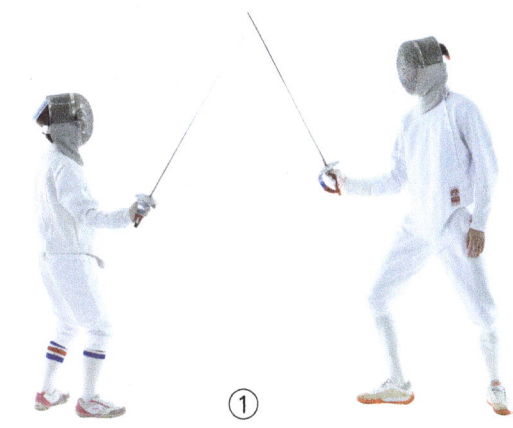

①

1. 双方实战姿势开始。

> **教练提示**
>
> 佩剑运动需要四肢关节有高度的灵活性，因此练习前，一定要进行热身，使肩关节、腕关节、膝关节、踝关节都处于灵活、放松的状态，有利于技术的发挥，并减少损伤。

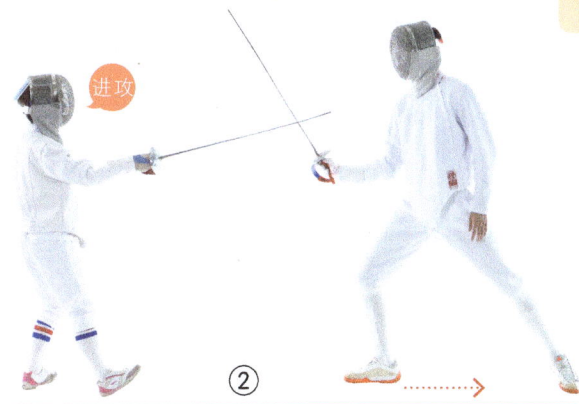

进攻

②

2. 图中左方发动进攻打4。右方防守，左腿先发力往后退一步的同时，左脚即将落地的时候，肘关节带动手指手腕，向内侧平稳移动。

防4

4

③

后退一步防4，剑半移到自身4号位前方，将对方剑格挡出4号位

3. 右方将剑移动到自己身体4号位前方，格挡对方的剑。护手盘的月牙形状朝非持剑手方向，有效阻挡住对方来剑。右脚落地回归实战姿势与手上防守几乎同时到位。

第一章 初识击剑运动

第二章 热身运动

第三章 佩剑基本功

第四章 佩剑基本技术

第五章 佩剑体能训练

第六章 佩剑高手进阶

5号位防守

扫一扫，视频同步学

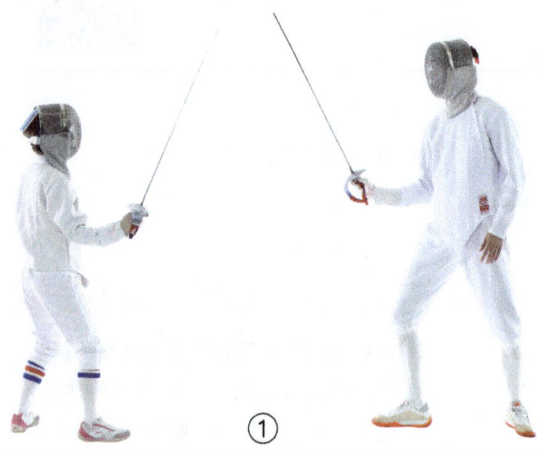

1. 双方实战姿势开始。

2. 图中左方发动进攻打5。右方进行防守，左腿先发力往后退一步的同时，手臂准备架起，上臂与前臂成90度夹角。

防5

5

进攻

后退一步防5，手臂快速架起，将对方剑格挡出自身5号位区域

3. 护手盘朝上，把剑架在自己面罩的前上方1~2拳的位置，即5号位前上方。剑尖朝向非持剑手的方向，有效阻挡对方来剑。右脚落地回归实战姿势与手上防守几乎同时到位。

4.2.3 后退两步防守

后退两步防守，是指在对方攻势较强、进攻速度较快、连续向前进攻时，后退两步进行防守的方法。这里讲解针对3、4、5号位的后退两步防守方法。

3号位防守

扫一扫，视频同步学

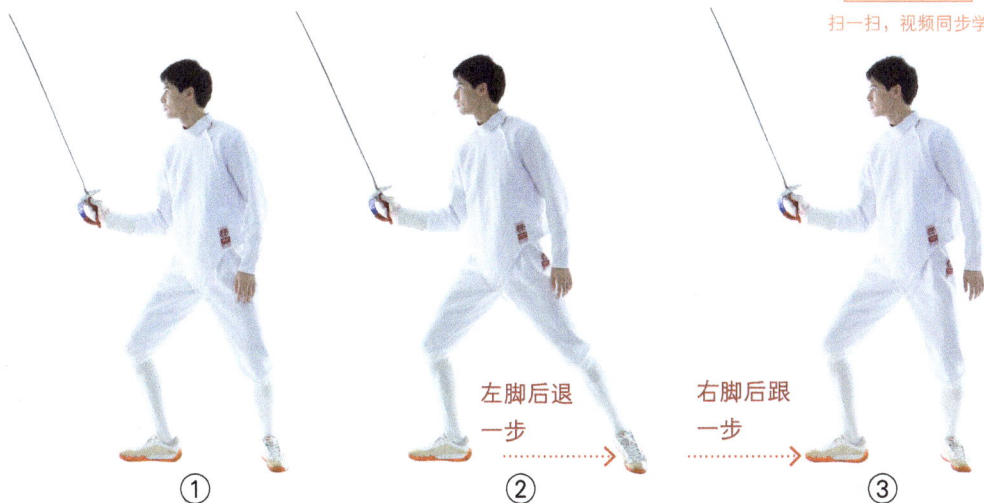

左脚后退
一步

右脚后跟
一步

① ② ③

1~3. 开始时保持实战姿势，右脚向后蹬地发力，左脚快速向后退一步，右脚跟随向后一步。

防3 ③

防守到位的
时间，和右
脚落地的时
间一致

左脚后退
第二步

右脚后跟
第二步

④ ⑤

4~5. 接着左脚再快速后退一步，第二步后退往往比第一步要更快更大（对手最后一下进攻，步子也更快更大）。右脚跟随后退一步，同时肘关节往身体内部收缩，手指带动护手盘往外转动，整个剑保护持剑手的外侧，即3号位。护手盘月牙部分对准来剑的位置有效格挡开，剑尖时刻保持威胁对方有效区域。右脚落地回归实战姿势与手上防守几乎同时到位。

第一章 初识击剑运动

第二章 热身运动

第三章 佩剑基本功

第四章 佩剑基本技术

第五章 佩剑体能训练

第六章 佩剑高手进阶

4号位防守

扫一扫，视频同步学

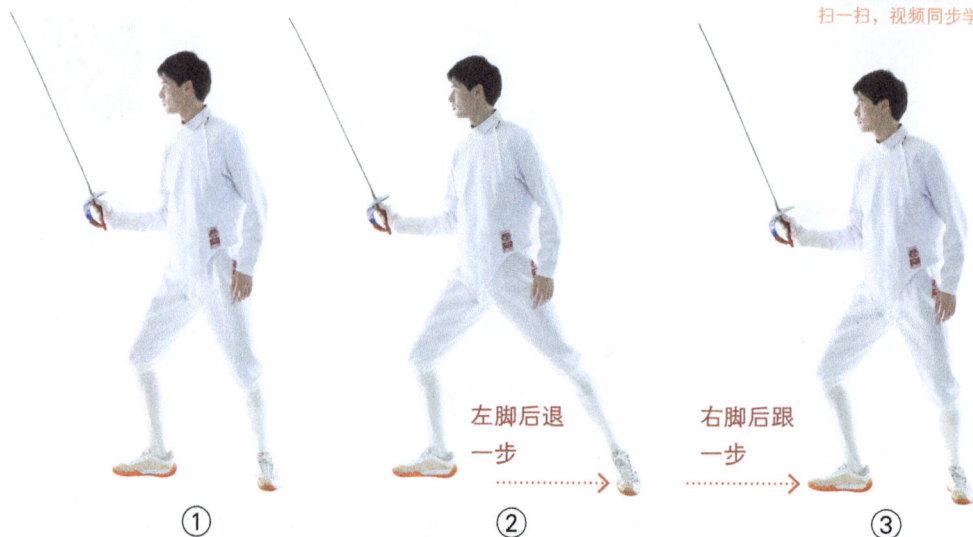

左脚后退
一步

① ② ③

右脚后跟
一步

1~3. 开始时保持实战姿势，右脚向后蹬地发力，左脚快速向后退一步，右脚跟随向后一步。

左脚后退
第二步

右脚后跟
第二步

剑向胸前4号位
前方平移格挡

防4

④ ⑤

4~5. 接着左脚再快速后退一步，第二步后退往往比第一步要更快更大（对手最后一下进攻，步子也更快更大）。右脚跟随后退一步，同时肘关节带动手指手腕，向内侧平稳移动到自己身体4号位前方，用剑格挡对方的剑。护手盘的月牙形状正对手指，有效阻挡住对方来剑。前脚落地回归实战姿势与手上防守几乎同时到位。

5号位防守

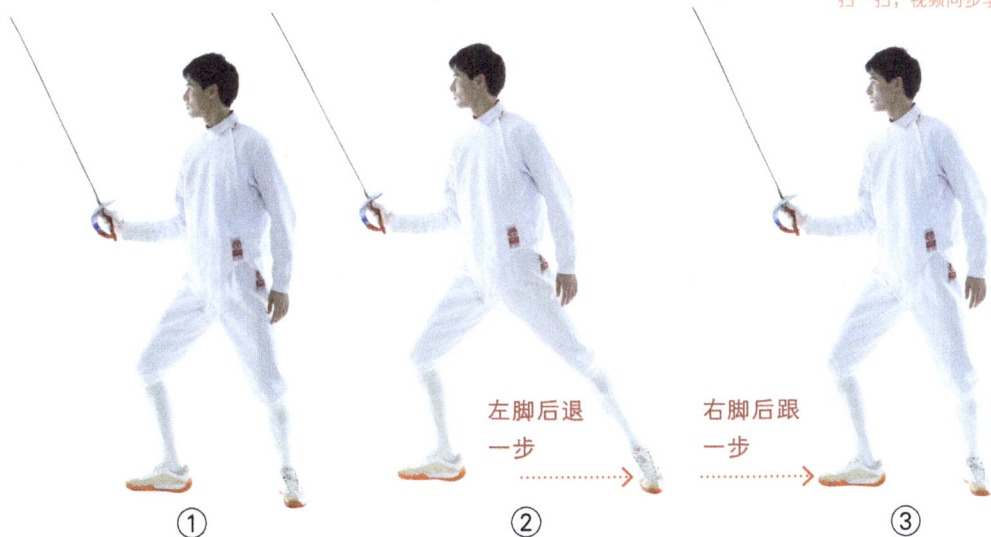

① ② 左脚后退 一步 右脚后跟 一步 ③

1~3. 开始时保持实战姿势，右脚向后蹬地发力，左脚快速向后退一步，右脚跟随向后一步。

④ 左脚后退 第二步 右臂抬起持 剑准备防5 防5 ⑤ 右脚后跟 第二步

4~5. 接着左脚再快速后退一步，第二步后退往往比第一步要更快更大（对手最后一下进攻，步子也更快更大）。右脚跟随后退一步，同时手臂抬起准备防守。护手盘朝上，把剑架在自己头部的正上方，面罩和自己剑的距离1~2拳的位置，即5号位正上方。剑尖朝向非持剑手的方向，有效阻挡对方来剑。

第一章 初识击剑运动

第二章 热身运动

第三章 佩剑基本功

第四章 佩剑基本技术

第五章 佩剑体能训练

第六章 佩剑高手进阶

4.3 攻防转换

击剑的攻防转换常常在一瞬间完成，速度很快。把握好攻防转换的机会，让自己处于主导地位，是取得胜利的重要因素。

4.3.1 进攻反攻

佩剑在对攻中去争夺主动权尤为重要，能第一时间第一节奏打出进攻反攻，主要是看脚下的启动速度、连贯性和主动进攻的意识，配合手上的果断出手，同时也要看对方在你上步的同时他的进攻形态，以及脚下和手上的配合。当双方同时第一节奏没有发生交锋，还要看脚下的第二次启动的速度。

扫一扫，视频同步学

进攻 进攻对方3号位被格挡

反攻

手腕外旋格挡，再反攻对方3号位

① ②

1. 双方均保持实战姿势。
2. 图中左方进攻打3，右方左腿后撤，同时持剑于臂前伸，进行3号位防守。右方触碰到左方剑，将左方剑打开后，迫使其露出破绽，迅速用剑尖刺击左方有效部位，进行反攻。
3. 右方击中后迅速收回前脚，回撤。

回撤

击中后迅速回撤

③

教练提示

当抢到主动权的时候，只要对方没有触碰到武器，进攻方没有脚下和手上错误的大动作，同时出手，或者双方都打到对方，视为有主动权的进攻方得分。当有主动权的一方，一直在原地准备没有进攻意识的时候，后退方可突然快速地直接转换步法向前发动进攻，这时候可判罚进攻犹豫，后退一方得分（主要看后退方有没有抓住这个时机）。

⚔ 4.3.2 抢攻

　　抢攻在对攻中是带有第二意图的进攻。当预备开始的时候，对手直接发动快速进攻，跟紧步法，脚下形成进攻形态，迅速直接进攻。这个时间差非常小，且动作隐蔽、快速，形成动作要向前快速启动，不能留在原地。否则很容易被判罚进攻反攻。在意识上，判罚对攻中的抢攻，裁判可根据主动发动进攻的运动员外部动作看出，是否属于被迫出手，并以此来判断这一剑能否得分。

扫一扫，视频同步学

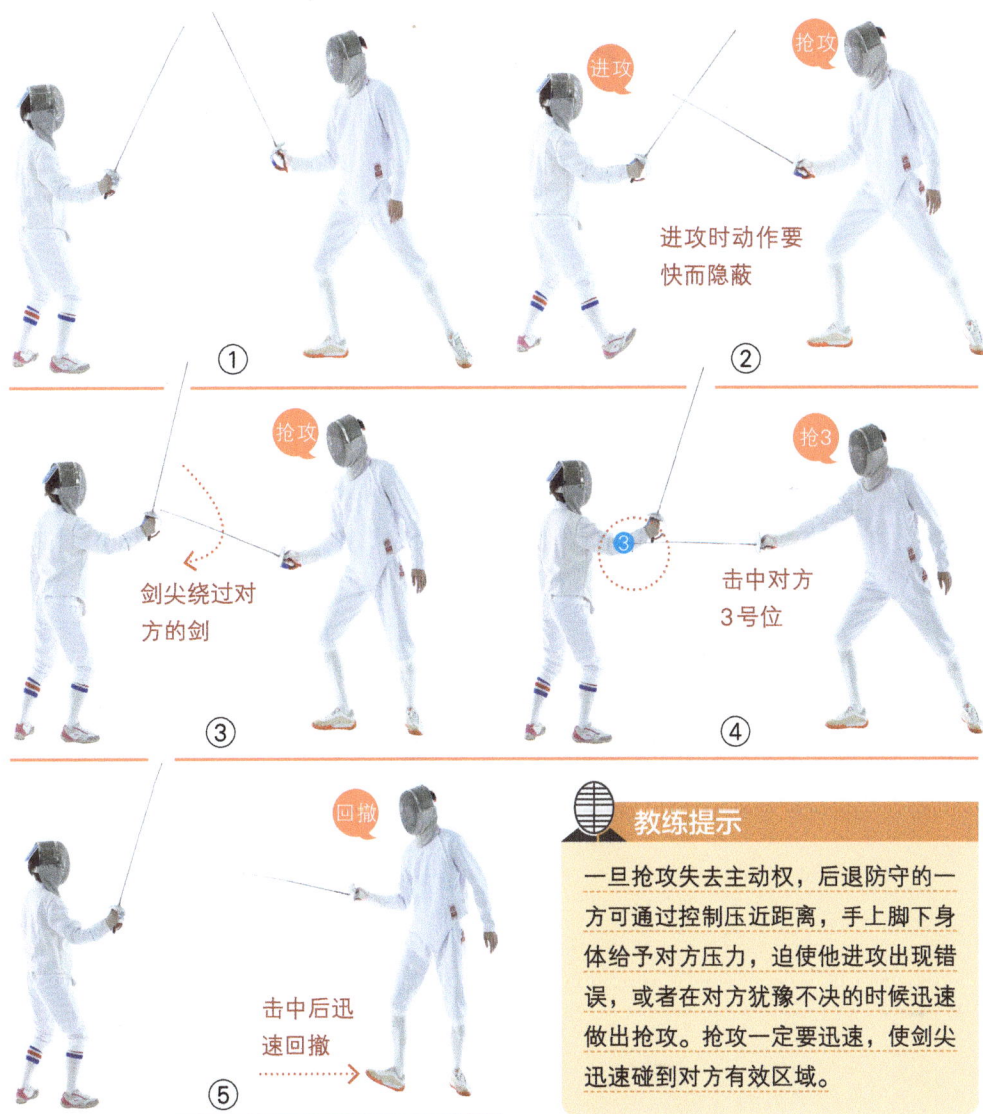

进攻　**抢攻**

进攻时动作要快而隐蔽

① ②

抢攻　剑尖绕过对方的剑

抢3　击中对方3号位

③ ④

回撤　击中后迅速回撤

⑤

教练提示

一旦抢攻失去主动权，后退防守的一方可通过控制压近距离，手上脚下身体给予对方压力，迫使他进攻出现错误，或者在对方犹豫不决的时候迅速做出抢攻。抢攻一定要迅速，使剑尖迅速碰到对方有效区域。

1~2. 双方实战姿势开始。图中左方发动进攻，右方打算抢攻，右臂前伸。
3~5. 右方剑尖绕过对方的剑，快速绕至对方持剑手附近击打对方手臂。击中后迅速收回前脚后退。

第一章 初识击剑运动

第二章 热身运动

第三章 佩剑基本功

第四章 佩剑基本技术

第五章 佩剑体能训练

第六章 佩剑高手进阶

⚔ 4.3.3　防守还击

　　防守还击，是指针对对方的进攻，先防守，并迫使对方露出有效部位，然后抓住时机迅速反击。

3号位防守和反击

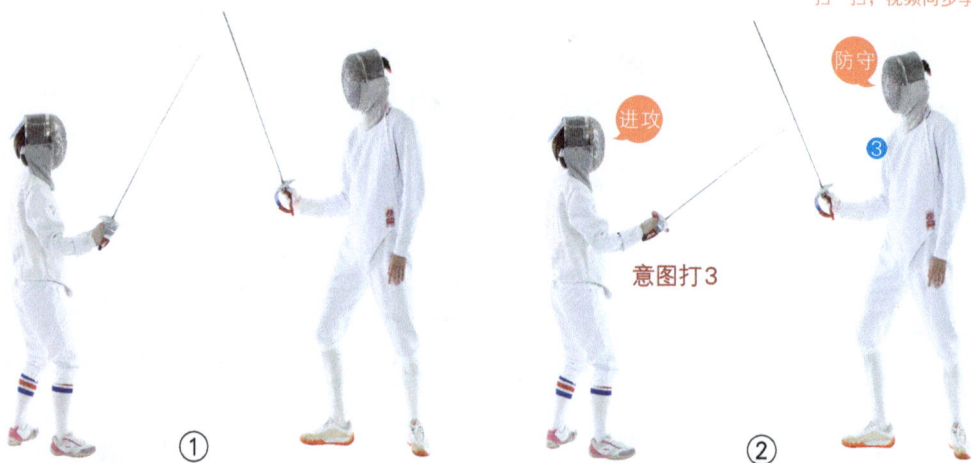

扫一扫，视频同步学

1~2. 双方实战姿势开始。图中左方打3进攻，剑几乎快要碰到右方的剑的时候，右方肘关节往身体内部收缩，手指带动护手盘往外转动，整个剑保护持剑手的外侧，即3号位，护手盘月牙部分朝持剑手方向有效格挡开。

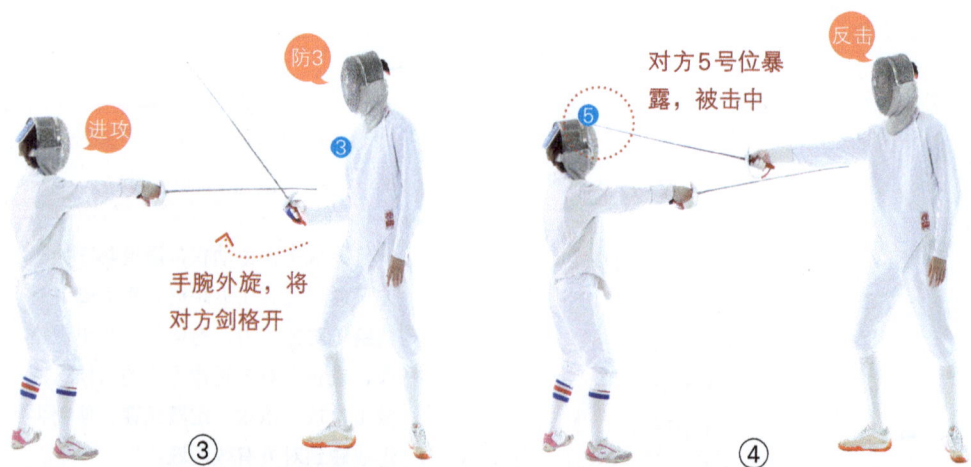

3~4. 右方将左方的剑格挡开的同时，左方头部暴露出来，成为易攻击有效部位，此时右方迅速反击，手臂上抬前伸，击中对方5号位。

4号位防守和反击

第一章 初识击剑运动

第二章 热身运动

第三章 佩剑基本功

第四章 佩剑基本技术

第五章 佩剑体能训练

第六章 佩剑高手进阶

扫一扫，视频同步学

进攻

防守

意图打4

①

②

1~2. 双方实战姿势开始。图中左方打4进攻。右方肘关节带动手指手腕，向内侧平稳移动到自己身体4号位前方，用剑格挡对方的剑。

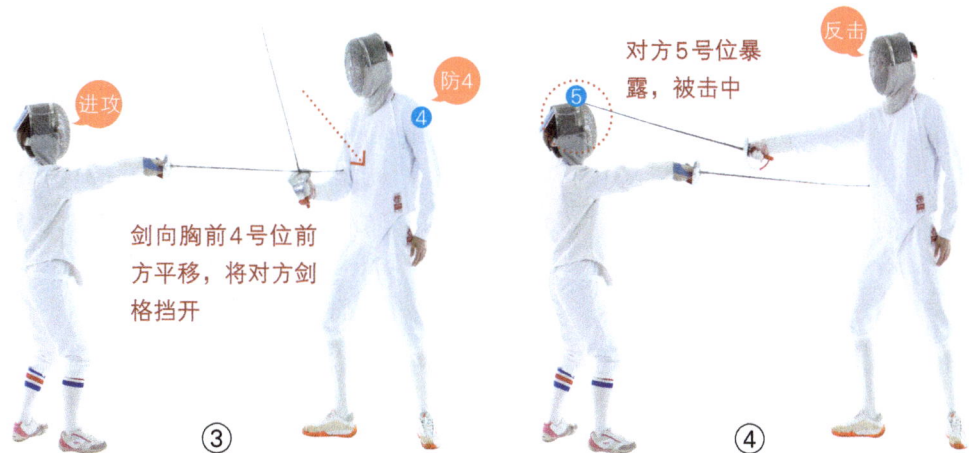

进攻

防4

剑向胸前4号位前方平移，将对方剑格挡开

对方5号位暴露，被击中

反击

③

④

3~4. 右方将左方的剑格挡开的同时，左方头部暴露出来，成为易攻击的有效部位，此时右方迅速反击，于臂前伸，击中左方5号位。

动作要领

在防守还击中，交换主动权后，反击的出剑速度要快。

103

5号位防守和反击

进攻

意图打5

防守 ⑤

①　　　　　　　　　　②

1～2. 双方实战姿势开始。图中左方打5进攻。右方手臂架起，准备防守。

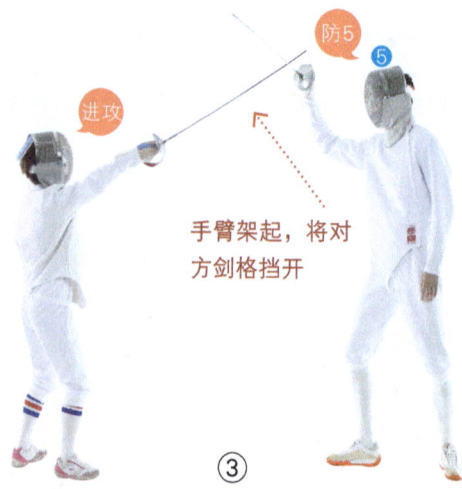

进攻

防5 ⑤

手臂架起，将对方剑格挡开

③

⑤

反击

对方5号位暴露，被击中

④

扫一扫，视频同步学

3～4. 右方护手盘朝上，把剑架在自己面罩的前上方，1~2拳的位置，即5号位前上方，剑尖朝向非持剑手的方向，有效阻挡对方来剑。右方将左方的剑格挡开的同时，左方头部暴露出来，成为易攻击有效部位，此时右方迅速反击，手臂前伸，击中对方5号位。

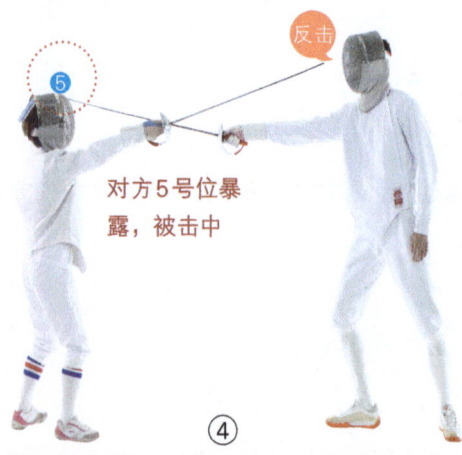

教练提示

击剑双人练习时，要有针对性地完成对抗，掌握技术。同时也要注意距离感、节奏感、时机感的培养。在防守和反击练习中，把握反击时机很重要。

第一章 初识击剑运动

第二章 热身运动

第三章 佩剑基本功

第四章 佩剑基本技术

第五章 佩剑体能训练

第六章 佩剑高手进阶

4.3.4 击打进攻

　　击打进攻是佩剑中常用的进攻方式。对攻中发动进攻时，要击打到对方剑的前1/3部分，来获取主动权。动作要隐蔽而迅速。在进攻中，当对方的剑一直对你形成威胁的时候，击打就可以破坏他的节奏和时机，击打的时候记得同样是击打对方剑的前1/3，且可多次击打，但注意动作要小，就算击打不到也不会被判罚失去主动权。后退中击打是最多的，因为这是获得主动权最有效的方法，主要是伸出手臂，手腕旋转，用自己剑尖去触碰对方的剑尖，给予对方压力。当碰到剑主动权转换的时候，脚下要迅速做出向前的步法才视为主动权交换。

打3

扫一扫，视频同步学

进攻

防守

对方剑形成威胁

① ②

1~2. 双方实战姿势开始。图中左方的剑对右方形成威胁，右方做好击打进攻准备。

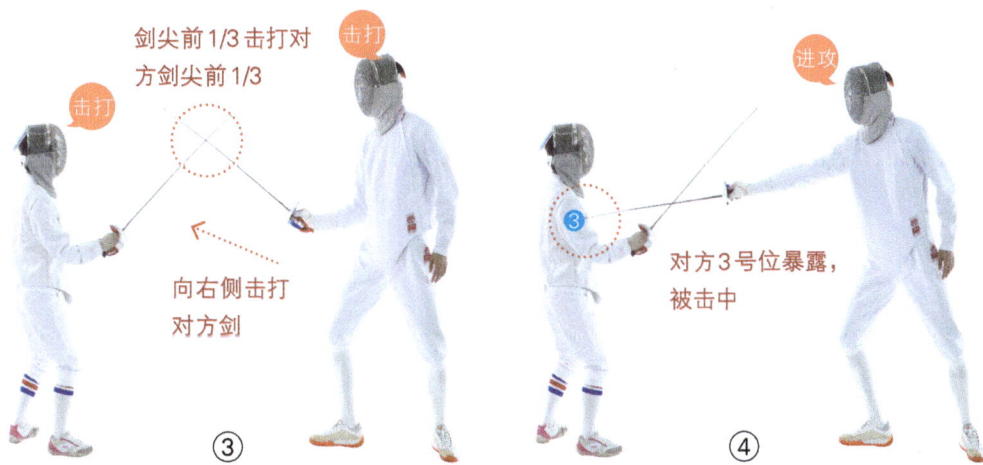

剑尖前1/3击打对方剑尖前1/3

击打

击打

向右侧击打对方剑

进攻

对方3号位暴露，被击中

③ ④

3~4. 右方迅速手腕向内旋转，手指发力，用剑尖前1/3击打左方剑尖前1/3，将左方剑向左击向一旁，然后左方3号位暴露出来，成为易攻击有效部位。右方迅速向前，打中左方3号位。

打4

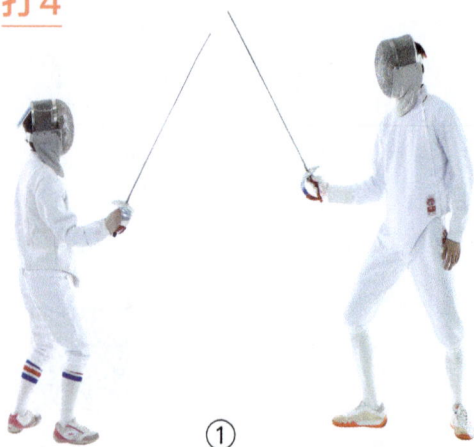

①

扫一扫，视频同步学

1~2. 双方实战姿势开始。图中左方的剑对右方形成威胁，右方做好击打进攻准备。

教练提示

击打进攻是获得主动权的重要方法，也是打断对方进攻节奏的重要方法。可以同时多次击打对方的剑，但在击打成功拿到主动权后，要有前进攻击的意识与动作，比如快速前进。

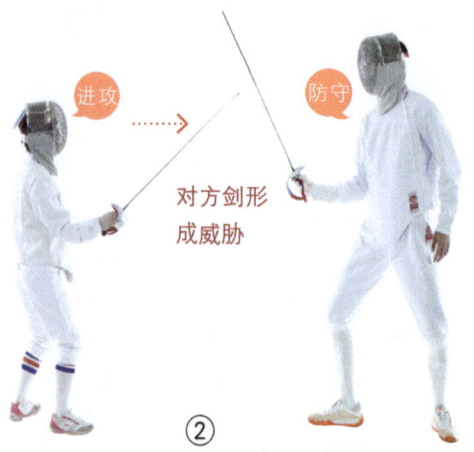

进攻

防守

对方剑形成威胁

②

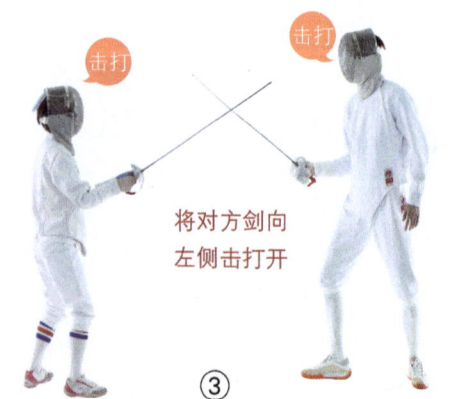

击打

击打

将对方剑向左侧击打开

③

对方4号位暴露，被击中

进攻

4

④

3~4. 右方迅速手腕向外旋转，手指发力，月牙盘朝向非持剑手方向，用剑尖前1/3击打左方剑尖前1/3，将左方剑击向左侧，然后左方4号位暴露出来，成为易攻击有效部位。右方迅速向前，打中左方4号位。

打5

扫一扫，视频同步学

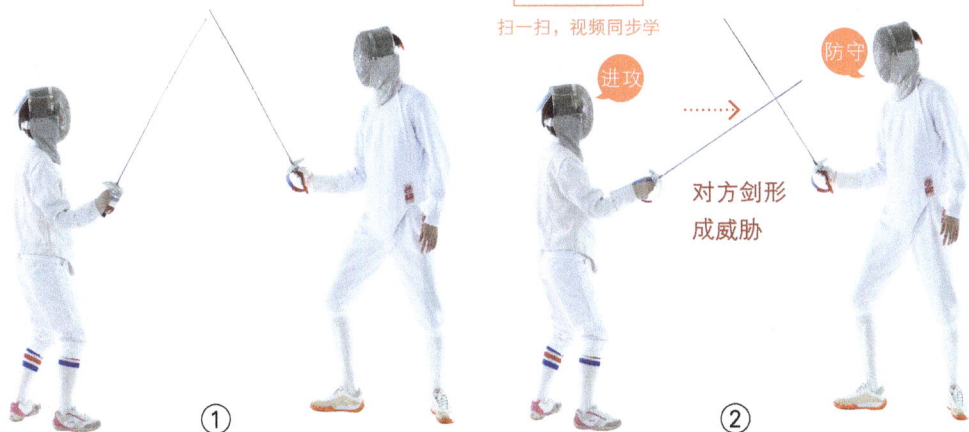

进攻

对方剑形
成威胁

防守

① ②

1~2. 双方实战姿势开始。图中左方的剑对右方形成威胁，右方做好击打进攻准备。

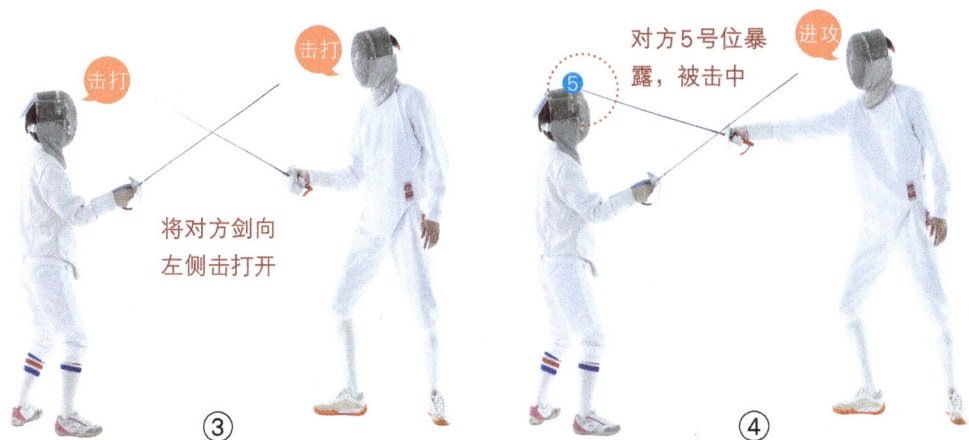

击打

将对方剑向
左侧击打开

③

对方5号位暴
露，被击中

进攻

⑤

④

3~4. 右方迅速手腕向外旋转，手指发力，月牙盘朝向左方剑，用剑尖前1/3击打左方剑尖前1/3，将左方剑击向左侧，然后左方5号位暴露出来，成为易攻击有效部位。右方迅速向前，打中左方5号位。

■ 变式动作展示

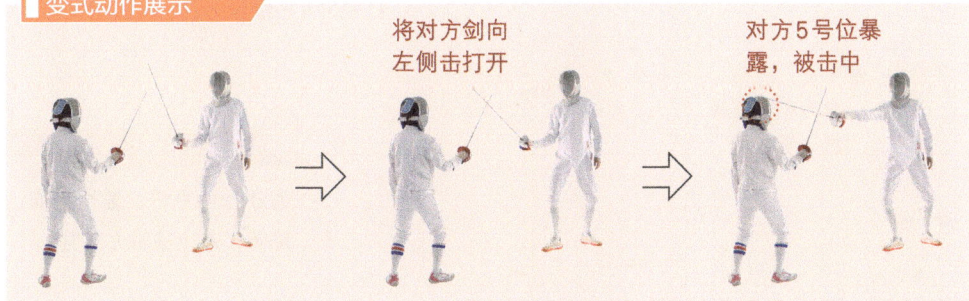

将对方剑向
左侧击打开

对方5号位暴
露，被击中

第一章 初识击剑运动

第二章 热身运动

第三章 佩剑基本功

第四章 佩剑基本技术

第五章 佩剑体能训练

第六章 佩剑高手进阶

107

⊗ 4.3.5 假动作＋转移进攻

击剑技术中，假动作＋转移进攻，是指在一条线上发动假动作，迫使对方进行防守，从而露出另一条线上的有效部位，攻击方再转移攻击路线，击打对方暴露的有效部位。

3转4

防3

进3

③

手腕内旋，做出打3的假动作

①

1. 双方实战姿势开始。

扫一扫，视频同步学

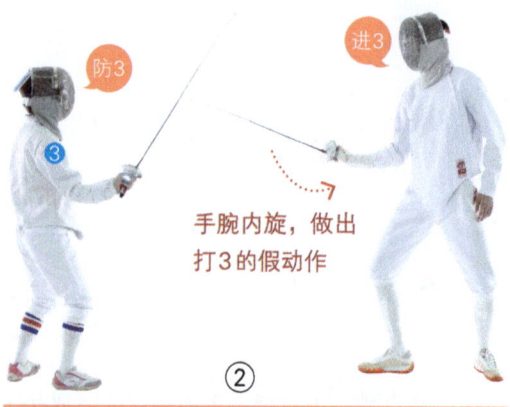

实战姿势时，做好假动作准备

2. 图中右方持剑手臂肘关节带动手臂内旋，做出想要打3的假动作。左方持剑手臂肘关节外旋，带动护手盘外旋，防守3号位。

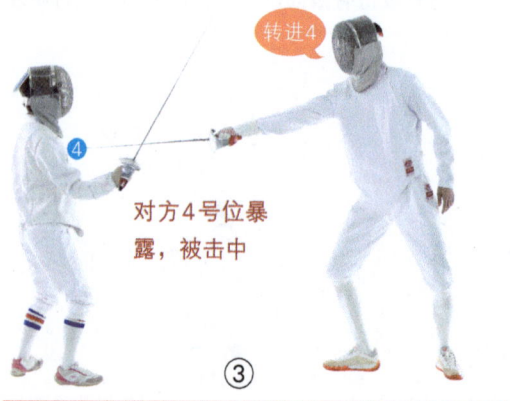

②

转进4

④

对方4号位暴露，被击中

③

3. 左方防守3号位，暴露出4号位。右方剑尖绕过左方的剑，转移路线，击打左方4号位。

教练提示

假动作的进行，要快速而隐蔽，避免被对方察觉。

3转5

扫一扫，视频同步学

1. 双方实战姿势开始。

实战姿势时，做好假动作准备

①

2. 图中右方持剑手臂肘关节带动手臂内旋，做出想要打3的假动作。左方持剑手臂肘关节内收，带动护手盘外旋，防守3号位。

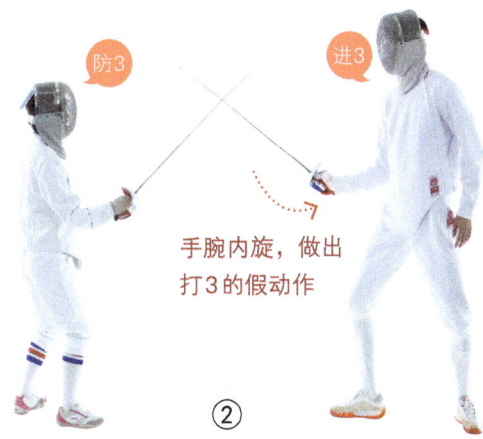

防3

进3

手腕内旋，做出打3的假动作

②

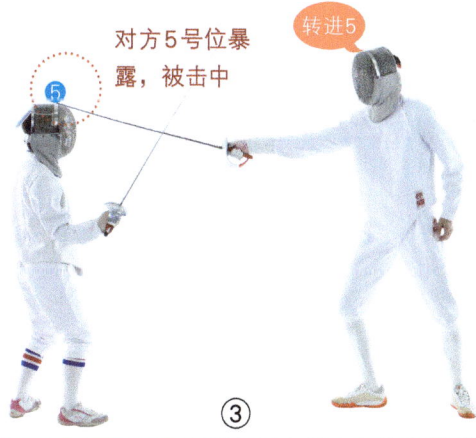

对方5号位暴露，被击中

转进5

3. 左方防守3号位，暴露出5号位。右方剑尖绕过左方的剑，转移路线，击打左方5号位。

③

第一章 初识击剑运动

第二章 热身运动

第三章 佩剑基本功

第四章 佩剑基本技术

第五章 佩剑体能训练

第六章 佩剑高手进阶

4转5

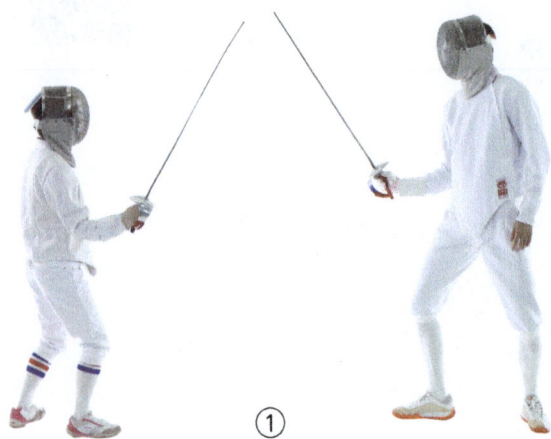

①

教练提示

转移进攻时，路线的改变，
要快速而果断。

1. 双方实战姿势开始。

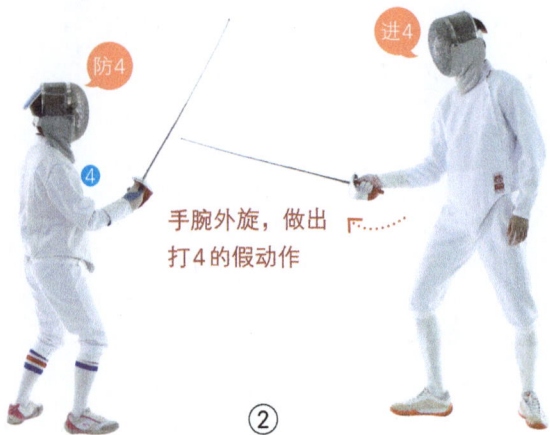

防4

进4

④

手腕外旋，做出
打4的假动作

②

2. 图中右方肘关节带动手臂外旋，
剑护手盘方向往外旋转，佯装打4。
左方肘关节带动手腕，向内侧平稳
移动剑到自己身体4号位前方，试图
进行防4。

3. 左方防守4号位，暴露出5号位。
右方剑尖绕过左方的剑，转移路线，
击打左方5号位。

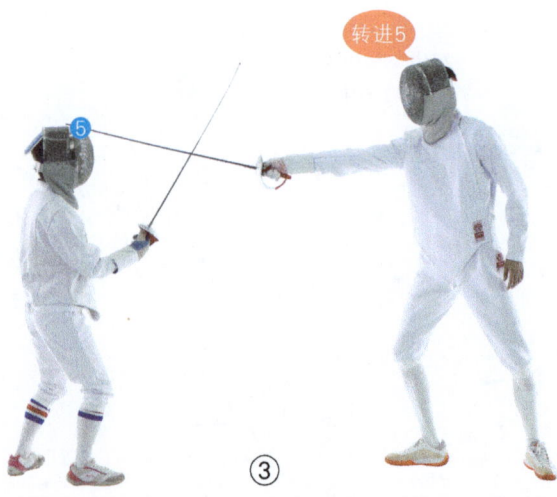

转进5

⑤

③

第五章

佩剑体能训练

　　佩剑体能训练是运动员在针对力量、速度、耐力及灵敏等方面进行的素质训练，同时也是佩剑运动员提高成绩的保障。

　　接下来，我们讲解一下佩剑体能训练的内容。

5.1 佩剑体能训练的特点

　　佩剑运动是观赏性很高的运动，我们在观赛时，经常叹服于运动员击剑时攻防转换之快与线条之美，他们往往在电光石火之间完成对抗。但所有这些现象的背后，都依赖于运动员多方面优秀的体能，如速度快、力量大，兼具好的柔韧性、灵活性与协调性。无论是攻击还是防守，都需要速度快；弓步和出剑，都需要力量、爆发力以及好的柔韧性；攻防转换，需要较强的灵敏性与协调性。这些基本的身体素质，是练出好的佩剑技术的前提。

　　因此，本章内容着重于身体素质的训练，帮助运动员和击剑爱好者，培养佩剑相关的体能，使佩剑技术得到更好地提升。

5.2 速度练习

速度是指人体快速运动的能力，速度有多种表现形式，如动作速度、反应速度和移动速度等，同时在运动实践中也存在着速度协调、速度能量和速度心理等综合表现形式。速度是决定运动成绩的重要因素之一，这里我们介绍多种速度练习，方便击剑运动员和爱好者学习使用。

小步跑

保证动作
协调

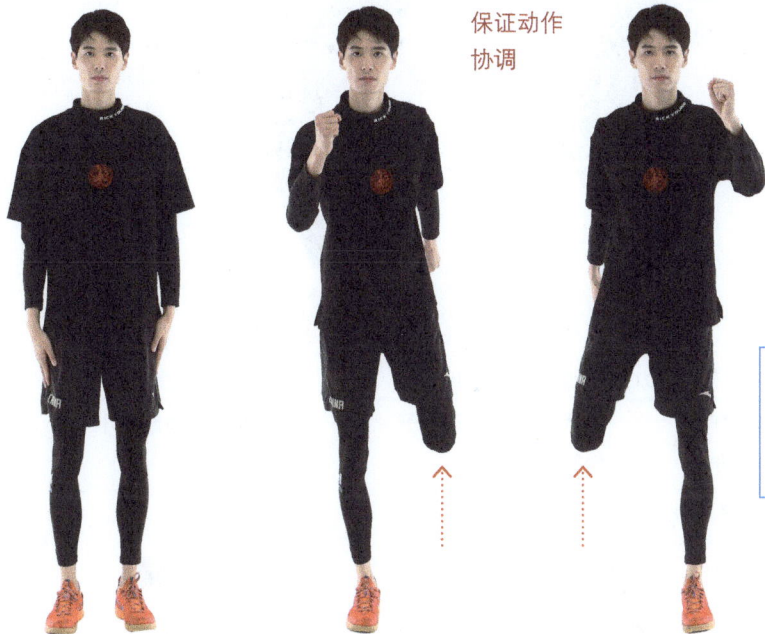

扫一扫，视频同步学

锻炼目标
- 腿部肌群
- 臀肌

① 基本站姿，保持肩颈及躯干放松，脊柱保持中立位。目视前方。

② 双臂交替前摆，同时双脚跟随交替小步跑。

③ 双臂双腿交替动作，轻快、节奏感强，脚踝有弹性，完成规定次数。

▌其他角度动作展示

第一章 初识击剑运动

第二章 热身运动

第三章 佩剑基本功

第四章 佩剑基本技术

第五章 佩剑体能训练

第六章 佩剑高手进阶

原地小碎步+冲刺

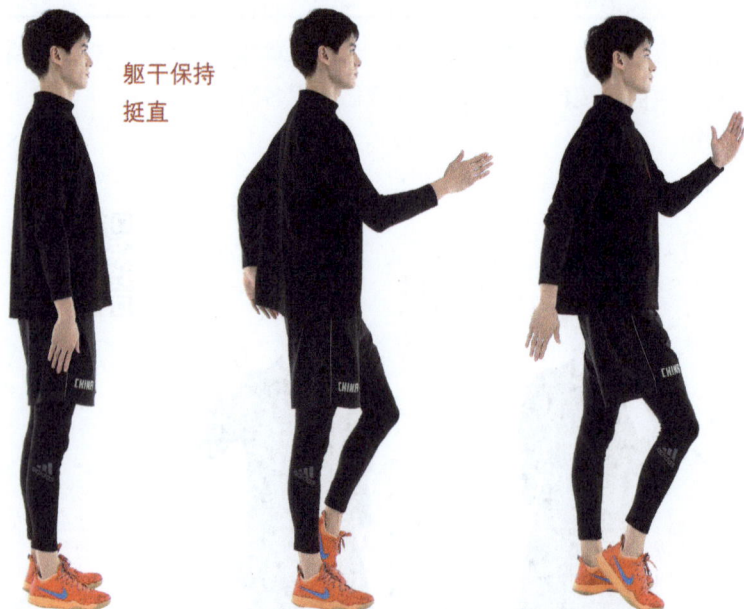

躯干保持
挺直

锻炼目标
- 腿部肌群
- 臀肌

1 基本站姿，保持肩颈及躯干放松，脊柱保持中立位。目视前方。

2 左脚前脚掌贴地，对侧手臂向前摆动，开始原地小碎步。

3 双臂双脚交替动作，做膝盖向上的原地小碎步5秒。

左脚向前迈步，右脚向后抬起

4 然后向前迈步，进行短距离冲刺。

5 换另一侧腿向前迈步，重复以上动作，进行冲刺。

高抬腿

扫一扫，视频同步学

其他角度动作展示

① 基本站姿，保持肩颈及躯干放松，脊柱保持中立位。目视前方。

锻炼目标
- 腿部肌群

② 核心收紧，右脚蹬地发力，左腿上抬至大腿与地面平行，右臂向上摆动。落地时屈膝缓冲，膝盖与脚尖的方向保持向前。

③ 换右腿向上抬腿，双臂配合动作，左右交替进行。

大腿抬至与地面平行

第一章 初识击剑运动

第二章 热身运动

第三章 佩剑基本功

第四章 佩剑基本技术

第五章 佩剑体能训练

第六章 佩剑高手进阶

弓步跨

锻炼目标
- 腿部肌群
- 臀肌

腰背挺直，
核心收紧

1 基本站姿，保持肩颈及躯干放松，脊柱保持中立位。目视前方。

2 左腿向后方跨出一步，双腿屈膝，左腿膝盖快要接触地面，呈右弓步姿势。注意保持上身直立，右腿膝盖不超过脚尖。

其他角度动作展示

左腿向上抬起后向前踢出左脚

3 右脚蹬地发力，推动身体站起，左腿向上抬起。

4 左脚尽可能上抬前踢，脚尖向前。双腿交替重复动作至规定次数。

跳绳

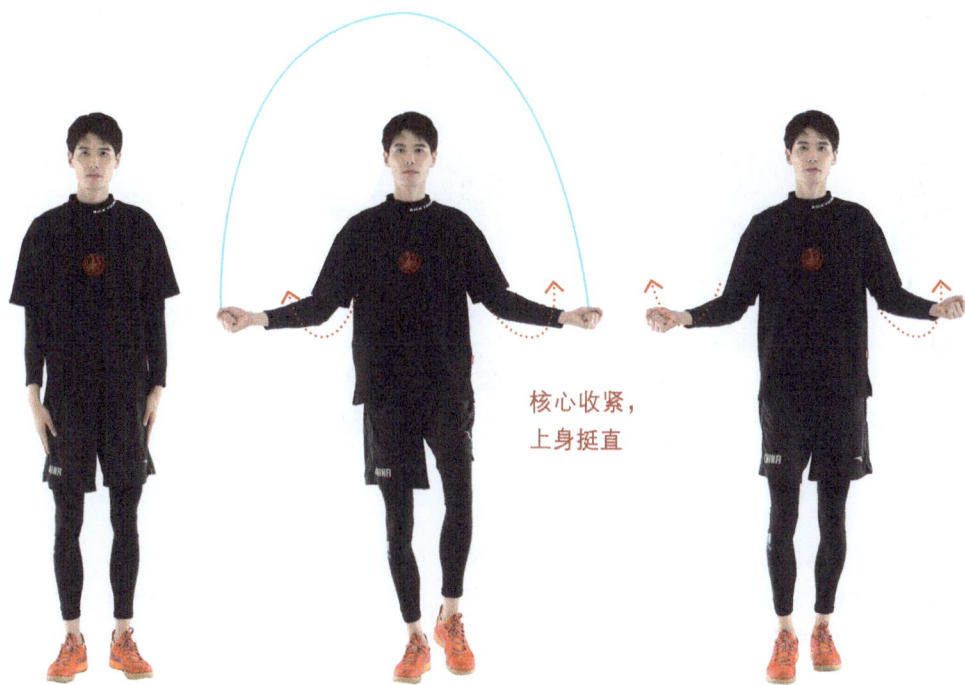

核心收紧，
上身挺直

① 基本站姿，保持肩颈及躯干放松，脊柱保持中立位。目视前方。

② 双手握拳如同握紧跳绳两端，双臂向同一方向摇臂，双脚交替
上抬。

③ 重复动作至规定时间。

锻炼目标
- **手臂肌群**
- 肩部肌群
- 腿部肌群

▌其他角度动作展示

第一章 初识击剑运动

第二章 热身运动

第三章 佩剑基本功

第四章 佩剑基本技术

第五章 佩剑体能训练

第六章 佩剑高手进阶

步法移动

扫一扫，视频同步学

教练提示

也可前进两步+后退两步进行练习，也可缩小步幅、加快速度进行练习。

右脚向前
迈步

① 基本站姿，保持肩颈及躯干放松，脊柱保持中立位。目视前方。

② 右腿前跨，双腿屈膝，呈持剑实战姿势。

③ 右脚向前时，保持脚尖勾起，贴近地面迈出约一脚掌的距离，脚跟挨地。

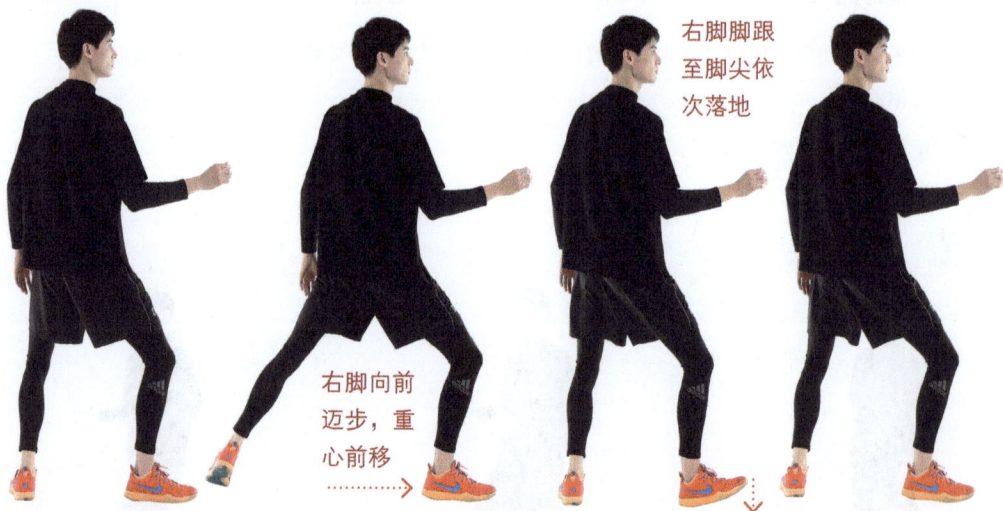

右脚脚跟
至脚尖依
次落地

右脚向前
迈步，重
心前移

④ 接着全脚掌着地，然后左脚向前跟进相同距离。

⑤ 左脚踩地发力，右脚再次前迈一大步，此时左脚脚尖着地。

⑥ 左脚向前跟进，然后重心放在左腿，同时右脚脚尖抬起。

⑦ 右脚前脚掌也逐渐着地，稳定身体，保持姿势。

5.3 力量练习

力量是人体进行一切体育活动的基础，任何运动都离不开力量。在运动中，力量素质是身体素质的一项重要指标，可以作为判断运动能力高低的重要依据。进行充分的力量练习，可以使运动员按照技术要求，协调地运用自身力量完成技术动作。另外，力量训练可以促进其他身体素质的发展，如速度、耐力、灵敏性、爆发力等。

5.3.1 上肢练习

上肢训练可以从肩部和手臂两个部分展开，重点发展上肢肌群的力量，改善柔韧性，增强整体协调性。

肩胛骨活动

肩胛骨向两侧打开，身体微前倾

肩胛骨向中间收，挺胸抬头

扫一扫，视频同步学

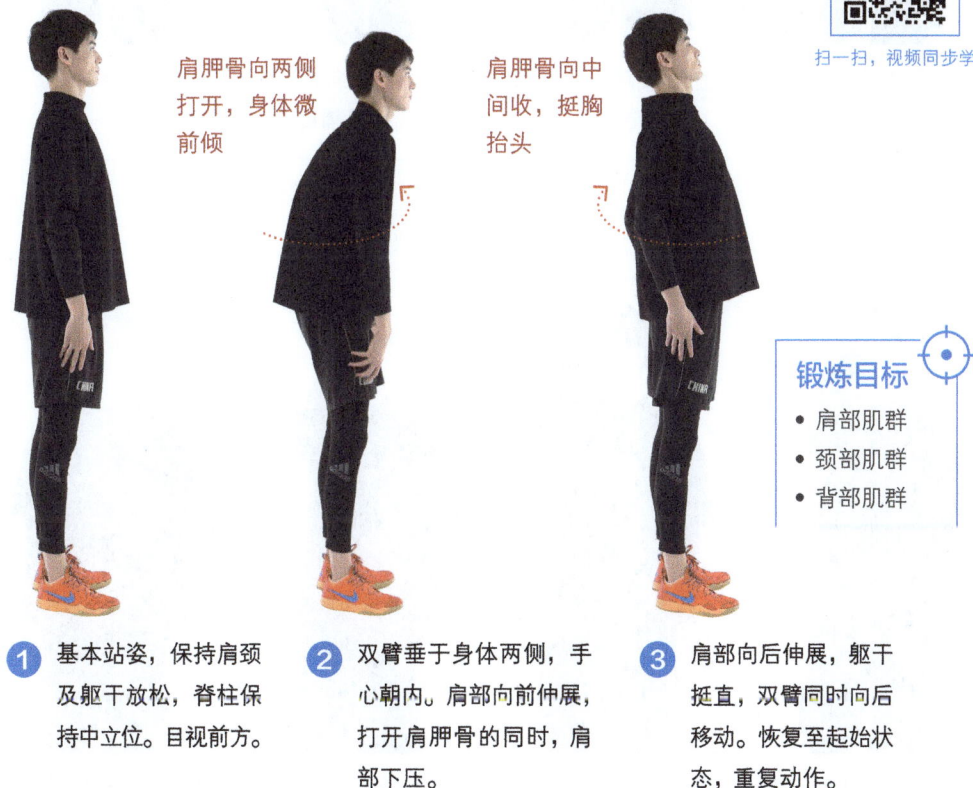

锻炼目标
- 肩部肌群
- 颈部肌群
- 背部肌群

1 基本站姿，保持肩颈及躯干放松，脊柱保持中立位。目视前方。

2 双臂垂于身体两侧，手心朝内。肩部向前伸展，打开肩胛骨的同时，肩部下压。

3 肩部向后伸展，躯干挺直，双臂同时向后移动。恢复至起始状态，重复动作。

第一章 初识击剑运动

第二章 热身运动

第三章 佩剑基本功

第四章 佩剑基本技术

第五章 佩剑体能训练

第六章 佩剑高手进阶

旋转练习

扫一扫，视频同步学

躯干保持
不动

头部向右
转动

① 基本站姿，保持肩
颈及躯干放松，脊
柱保持中立位。目
视前方。

② 右臂抬起，手扶
头部前方。

③ 头部向右转动，
手臂辅助向右
施力。

④ 头部回正。

头部向左
转动

⑤ 换左臂抬起，手
扶头部前方。

⑥ 头部向左转动，
手臂辅助向左
施力。

⑦ 头部回正。

⑧ 恢复至基本站
姿。重复动作。

腹背练习

扫一扫，视频同步学

① 俯身趴在垫子上，面部朝下，下巴接触地面。双腿自然贴在一起，双脚离地；双臂放于身体两侧。

锻炼目标
- 下背部肌群
- 臀肌
- 腿部肌群

② 保持躯干姿势不变，双臂屈肘，双手置于头部两侧。

背部向上抬起

教练提示

动作全程保持均匀呼吸，向上抬起躯干时尽量保证髋关节及大腿不要抬离地面。双腿保持固定位置，避免出现借力的情况。

③ 核心收紧，背部发力向上抬起至胸部抬离地面，同时双脚保持抬起，避免接触地面。

其他角度动作展示

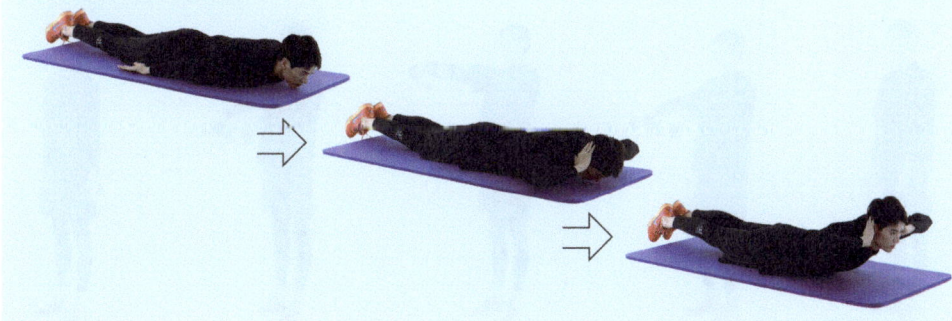

第一章 初识击剑运动

第二章 热身运动

第三章 佩剑基本功

第四章 佩剑基本技术

第五章 佩剑体能训练

第六章 佩剑高手进阶

肩部抬升与下蹲

肩部保持放松，
避免上耸

扫一扫，视频同步学

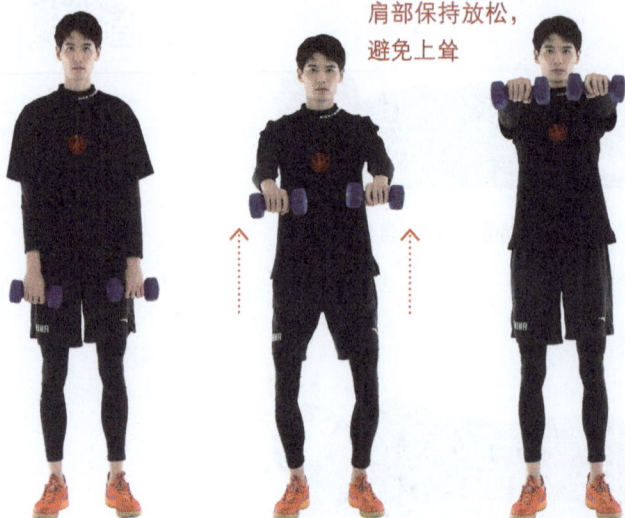

1 双手各握一只哑铃，双脚
开立，与肩同宽。

2 双臂向前、向上抬起，双
膝略微弯曲，骨盆微微前
倾，胸部挺起。

3 双臂抬起至与肩平行。

锻炼目标

- 三角肌
- 肩部肌群
- 腿部肌群

双臂伸直，
缓慢下放

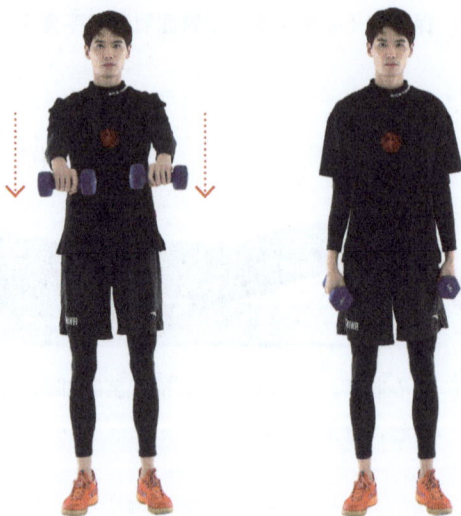

4 双臂伸直下落，身体保持直立。

5 回到起始姿势，重复动作。

█ 其他角度动作展示

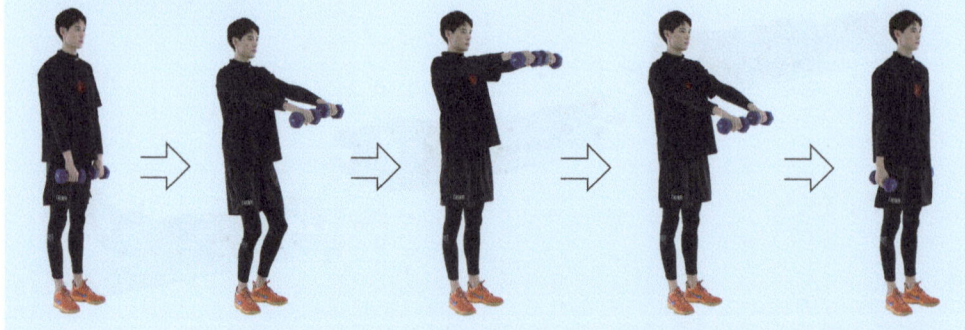

⚛ 5.3.2　核心肌群练习

核心肌群对人体起着十分重要的作用，它们不仅有助于维持身体的稳定，还可以在身体力量的传递中起到枢纽作用。强化核心肌群可以有效改善身体姿态，提高运动表现。

平板支撑

扫一扫，视频同步学

身体呈一条直线

锻炼目标 ◎
- 腹肌
- 肩部肌群

① 双手与双脚脚尖支撑地面，双手间距略比肩宽。注意手肘微屈，不要锁死。收紧核心，挺直背部，双腿并拢。

背部保持平直

两手拳心相对
双臂呈肘撑

② 保持身体姿势不变，双臂屈肘，使前臂撑于地面，保持该姿势至规定时间。

⚔ **教练提示**

全程保持核心收紧，背部挺直，同时使肩关节、髋关节和踝关节都处于一条线上。

第一章 初识击剑运动

第二章 热身运动

第三章 佩剑基本功

第四章 佩剑基本技术

第五章 佩剑体能训练

第六章 佩剑高手进阶

T形稳定练习

扫一扫，视频同步学

双臂与双腿承重，
使身体稳定

锻炼目标 ⊕
- 腹斜肌
- 肩部肌群
- 腹肌

① 侧卧姿，双腿伸直，左脚放在右脚上，两臂垂直于地面，双手撑地，核心收紧使身体抬起。

教练提示

注意保持腹部收紧，上身挺直，双眼始终目视前方。使肩关节、髋关节和膝关节成一条直线，注意不要塌腰。支撑手臂和双脚承重，另一侧手臂伸展，可以增强核心肌群的稳定性与力量。基本熟悉动作后，可以逐步增加时间至60秒。

左臂打开，向上伸直，
掌心朝前

② 左臂横跨整个身体，向上抬起，躯干成一条直线。保持这一姿势30秒。回到起始姿势，换另一侧重复动作。

第一章 初识击剑运动

第二章 热身运动

第三章 佩剑基本功

第四章 佩剑基本技术

第五章 佩剑体能训练

第六章 佩剑高手进阶

5.3.3 下肢练习

充分的下肢练习可以强化腿部肌群力量，同时还能提高移动速度，从而使运动员的步法更熟练、技战术发挥更得心应手。

半蹲

双臂向前抬起，与肩水平，掌心向下

扫一扫，视频同步学

双腿屈膝下蹲

1. 双脚平行站立，略宽于肩，脚尖朝前，臀部、腹部收紧，两臂贴于体侧。

2. 双臂向前伸直，上抬至与肩部同高位置，掌心向下。

3. 屈膝下蹲至大腿平行于水平面或稍高于膝盖的角度，然后快速蹲起，回到起始姿势。

其他角度动作展示

静蹲

锻炼目标
- 股四头肌
- 臀肌

1 身体直立，双脚打开，脚尖向前。双臂伸直自然下垂，掌心相对。

2 保持身体直立姿势，双臂屈肘交于胸前，双手掌贴于肩前。

其他角度动作展示

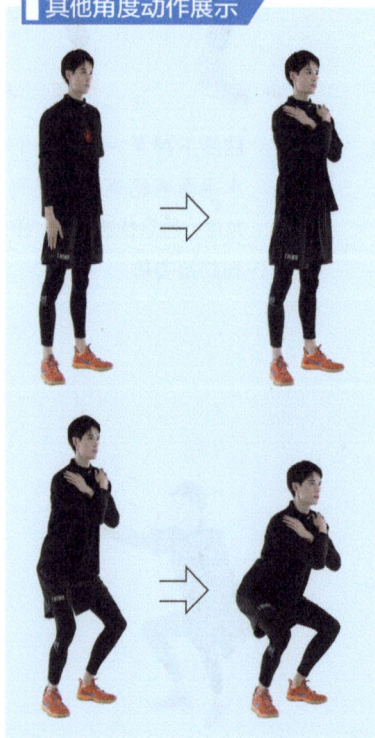

保持膝盖朝着脚尖的方向，避免外扩

3 上身挺直，核心收紧，缓慢屈髋屈膝下蹲。

4 下蹲至最大程度时稍作停顿，然后回到起始姿势，重复动作。

反弓步

扫一扫，视频同步学

① 身体直立，双脚开立，与肩同宽，背部平直，核心收紧，双手叉腰。

② 保持上身挺直，左腿向后方跨出一步，双腿屈膝，身体下降。

③ 下降至右侧大腿与地面平行，左腿膝盖近乎接触地面。回到起始姿势，重复规定次数。

锻炼目标
- 臀部肌群
- 腿部肌群

其他角度动作展示

第一章 初识击剑运动

第二章 热身运动

第三章 佩剑基本功

第四章 佩剑基本技术

第五章 佩剑体能训练

第六章 佩剑高手进阶

侧弓步

扫一扫，视频同步学

锻炼目标
- 股四头肌
- 臀肌

1. 身体直立，双脚开立，与肩同宽或略宽于肩，脚尖向前。双臂伸直自然下垂，掌心相对。

2. 保持身体直立，双臂屈肘上抬至与肩部齐平。双手掌心向下，手指上下相贴。

3. 向右侧跨一步，右腿下蹲，髋部弯曲的同时保持脊柱挺直。

4. 双脚脚掌贴地，右膝弯曲，使左腿充分伸展。双臂与地面保持平行。收紧臀部肌肉，缓慢伸直右腿，回到起始姿势并重复以上动作。换另一侧腿重复动作。每侧各做10次。

高位起跑式

锻炼目标
- 臀部肌群
- 腿部肌群

扫一扫，视频同步学

① 身体直立，双脚开立，与肩同宽。双臂伸直自然下垂，掌心相对。

② 左脚后撤一大步，右腿屈膝，俯身降低身体重心，双手撑地。

③ 右脚向下压，大腿肌肉收紧，左脚踩地，膝盖伸直，使左腿处于伸直状态，保持5~6秒。

④ 回到起始姿势。换至对侧重复动作。

其他角度动作展示

后撤步幅要
足够大

第一章 初识击剑运动

第二章 热身运动

第三章 佩剑基本功

第四章 佩剑基本技术

第五章 佩剑体能训练

第六章 佩剑高手进阶

⚔ 5.3.4 爆发力和控制力

爆发力是身体在一瞬间发出最大力量的能力，控制力则是维持身体稳定的能力，这两种能力对击剑来说都很重要。爆发力有助于提升动作的速度和力量，控制力则有助于提升动作的精准性。

踢腿

锻炼目标
● 股四头肌

扫一扫，视频同步学

膝盖与脚尖
方向一致，
避免内收或
外扩

1 身体直立，双脚平行开立，核心收紧，两臂贴于体侧。

2 稳定身体重心，左腿向前踢，同时对侧手臂上抬。

3 双腿交替上抬踢腿，手臂相应配合。重复动作至规定次数。

▌其他角度动作展示

侧滑步

扫一扫，视频同步学

背部保持
平直

锻炼目标 ⊕
- 臀部肌群
- 腿部肌群

① 身体直立，双脚开立，与肩同宽或略宽于肩，脚尖向前。双臂伸直自然下垂，掌心相对。

② 上身保持挺直，双腿略微屈膝，重心下降。

动作过程中，保持身体协调

③ 向左迈步，做左滑步，保持前脚掌先着地。脚频和速度高于正常步速。

④ 向右迈步，做右滑步，保持前脚掌先着地。双腿交替分别向两侧做滑步，重复动作至规定次数。

教练提示

练习侧滑步，要结合手臂的协调性进行，同时也要保持身体的稳定性。

第一章 初识击剑运动

第二章 热身运动

第三章 佩剑基本功

第四章 佩剑基本技术

第五章 佩剑体能训练

第六章 佩剑高手进阶

5.4 柔韧练习

柔韧练习，即针对韧带和肌肉等组织进行的拉伸训练，可以提高身体的柔韧性，提高身体素质，改善关节的活动度。

柔韧练习也可以增强肌肉力量。在力量练习后，肌肉易处于紧张状态，如果不改善，会影响力量的增长和发挥，而适当的柔韧练习则会使肌肉放松且更具弹性和灵活性，使肌肉在力量上表现更好。但要注意避免过度拉伸。

⊗ 5.4.1 手臂拉伸

击剑运动要频繁地进行攻防转换，要求根据对手的变化完成动作，并保证力量足、速度快、幅度小，需要有力的手臂和灵活的手腕，这样运动员才能做出准确有力的上肢动作。

肱二头肌拉伸

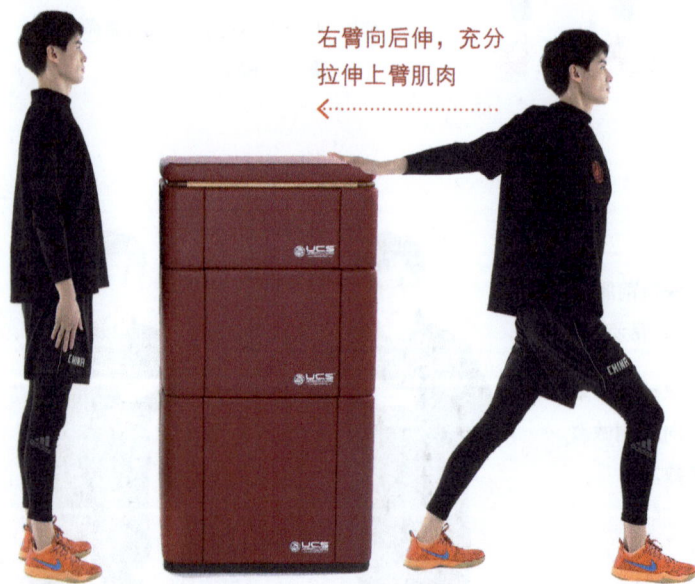

右臂向后伸，充分
拉伸上臂肌肉

扫一扫，视频同步学

锻炼目标
- 肱二头肌
- 胸肌
- 肩部肌群

1 身体直立，双脚分开，与肩同宽。挺胸抬头，两臂自然下垂。

2 右臂向后伸，掌心朝下，扶在固定的等高物体上更好。同时右脚向前迈步，右腿屈膝，上半身挺直，不要前倾，拉伸5～10秒。

肌肉知识
肱二头肌位于上臂的前侧，是手臂的重要发力肌肉。肱二头肌主要作用是前臂的屈曲和旋外，以及使上臂靠向前臂。

肱三头肌拉伸

扫一扫，视频同步学

向固定平面的
对侧拉伸
·······························>

从肩部到髋部呈一
条直线

锻炼目标

- 肱三头肌
- 肩部肌群
- 背部肌群

肌肉知识

肱三头肌位于上臂的后侧，是手臂的重要肌肉。肱三头肌作用于肘部的伸展和肩关节的后伸。另外，肱三头肌的位置很重要，可以保护一些重要的血管和神经。

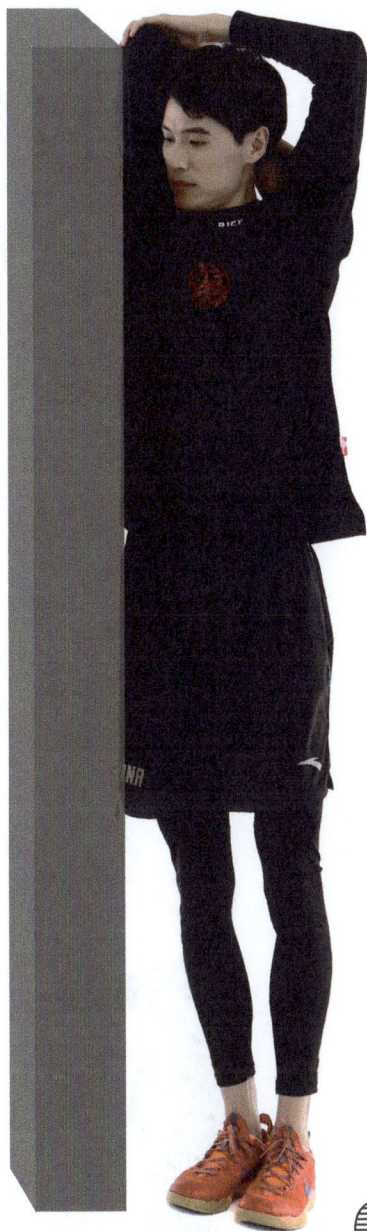

身体右侧斜靠于固定的平面，右臂抬起，肘部朝上，前臂放于脑后，左臂抬起，左手抓住右手肘，拉伸5~10秒，目标肌肉有明显的拉伸感后放松5~10秒。随后恢复起始姿势，换另一侧重复动作2~3次。

教练提示

全程保持核心收紧，背部挺直。从肩部到髋部呈一条直线。肘部切忌锁死。

第一章 初识击剑运动

第二章 热身运动

第三章 佩剑基本功

第四章 佩剑基本技术

第五章 佩剑体能训练

第六章 佩剑高手进阶

前臂屈肌拉伸

扫一扫，视频同步学

1 身体直立，双脚分开，与肩同宽。挺胸抬头，双臂自然下垂。

2 一侧手臂伸腕，使手掌朝前，对侧手向上握住被拉伸手臂的四指。

3 将四指压向躯干方向，直至被拉伸手臂手腕前侧肌群有中等强度拉伸感，保持该姿势至规定时间。

用力程度为目标肌肉有中等程度拉伸感

4 换至对侧手臂伸腕，手掌朝前，另一侧手握住被拉伸手臂的四指。

5 继续向后拉手臂，保持目标肌群有中等程度拉伸感。重复2~3次。

锻炼目标
- 前臂屈肌
- 手臂

肌肉知识
前臂屈肌主要有桡侧腕屈肌、尺侧腕屈肌，主要作用是使桡腕关节内收和肘关节屈曲。

134

⊗ 5.4.2 臀部拉伸

击剑运动中要求有较快的移动速度，所以要保持腿部肌群的弹性，就需要进行适当训练。

臀大肌拉伸

扫一扫，视频同步学

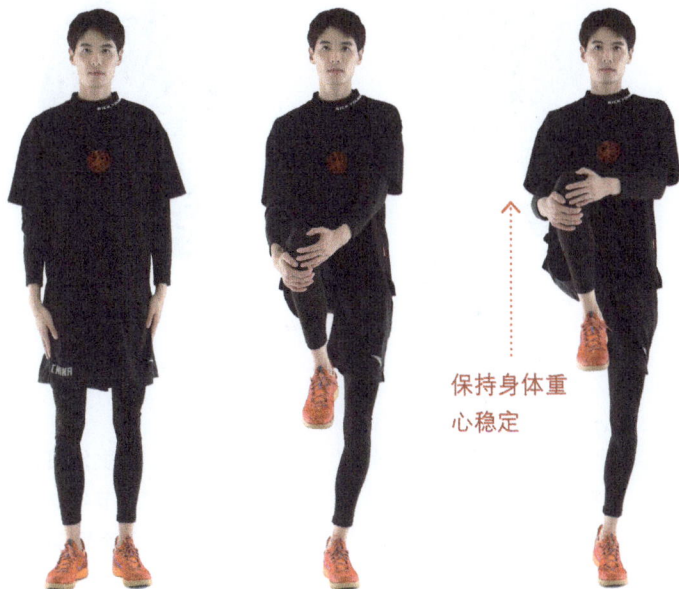

保持身体重心稳定

① 身体直立，两脚开立，双臂贴于两侧。

② 左腿支撑身体，右腿向上屈膝，双手抱住右膝。

③ 双手将右腿向同侧躯干用力按压，同时左腿踮脚尖，感受臀肌的拉伸感。

锻炼目标 ⊕

- **臀大肌**
- 腿部肌群

④ 右腿支撑身体，左腿向上屈膝，双手抱住左膝。

⑤ 双手将左腿向同侧躯干用力按压，同时踮脚尖，感受臀肌的拉伸感。

肌肉知识

臀大肌为身体最强壮的肌肉之一，位于骨盆后外侧，使髋关节伸展与外旋。有力的臀大肌还可以维持髋部与下肢的稳定，提升核心稳定性。

第一章 初识击剑运动

第二章 热身运动

第三章 佩剑基本功

第四章 佩剑基本技术

第五章 佩剑体能训练

第六章 佩剑高手进阶

臀中肌和臀小肌拉伸

扫一扫，视频同步学

缓慢下降

① 身体直立，双脚分开。收紧核心，双臂贴于两侧。

② 保持身体稳定，左脚支撑于地面。右侧小腿屈曲并置于对侧腿的膝盖上方，髋关节旋外。

③ 屈髋屈膝，双手分别支撑于右腿膝关节与踝关节上，并下蹲至臀部有牵拉感。

保持躯干挺直

锻炼目标
- 臀中肌
- 臀小肌

④ 换对侧腿重复动作，右腿支撑于地面，左腿小腿屈曲并置于对侧腿的膝盖上方，髋关节旋外。

⑤ 屈髋屈膝，双手动作同上，感受臀部肌肉拉伸感。重复动作。

肌肉知识

臀中肌在臀大肌的内侧靠上部位，其收缩有助于人体在运动时保持骨盆的侧向稳定性，可使髋关节外展。

梨状肌拉伸

扫一扫，视频同步学

锻炼目标
- 梨状肌

① 坐姿，双脚撑地，上身挺直，双手扶于膝上。

② 抬起右腿，放于左腿膝盖上方，右膝尽量保持在右臀的正前方。右膝弯曲成90度。大腿和骨盆之间形成直角。

肌肉知识

梨状肌是臀部深层肌肉，作用是使髋关节的外旋与外展。由于梨状肌的位置特殊，较难拉伸到，因此在进行梨状肌拉伸时，要充分感受目标肌肉的拉伸感。

脊柱保持挺直

教练提示

注意整个动作，要求脊柱保持挺直，才能正确拉伸到梨状肌。

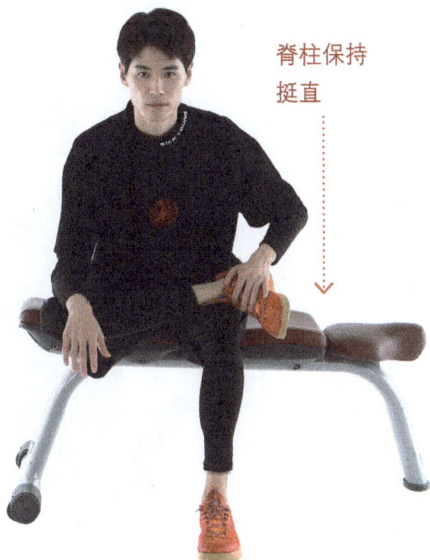

③ 上身缓缓前倾，腰背部挺直，充分感受拉伸感。换另一侧腿，重复动作至规定次数。

第一章 初识击剑运动

第二章 热身运动

第三章 佩剑基本功

第四章 佩剑基本技术

第五章 佩剑体能训练

第六章 佩剑高手进阶

⊗ 5.4.3 大腿拉伸

股四头肌拉伸

扫一扫，视频同步学

锻炼目标

- 股四头肌

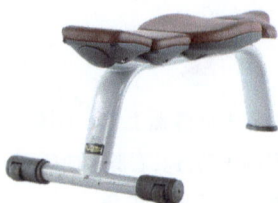

① 背向站于凳子前侧，自然正直站立。

> **教练提示**
>
> 动作过程中，前侧腿小腿垂直于地面，膝盖和脚尖方向一致。下降速度不要过快。

保持核心收紧，缓慢下降

② 分腿蹲姿，右脚在前支撑于地面，后脚脚尖支撑于凳子上，双手扶腿。屈膝屈髋下蹲至前侧腿大腿上沿水平，充分感受拉伸感。换另一侧腿，重复动作至规定次数。

> **肌肉知识**
>
> 股四头肌位于大腿前侧，由四块肌肉组成即股直肌、股外侧肌、股中间肌、股内侧肌。身体在站立、提举、跳跃等动作时都需要肱四头肌发挥作用。

股后肌群拉伸

上半身坐直，双眼
目视前方

扫一扫，视频同步学

锻炼目标
• 股后肌群

🔖 **教练提示**

拉伸时注意收紧腹部，保持身体稳定。

1 坐立姿，左腿放于凳子上。左脚位于凳子边缘的外侧。然后右脚尽可能向后伸，直至大腿前侧出现拉伸感。右脚脚尖着地，保持平稳。

双手尽力前伸，能触摸到左脚脚尖

肌肉知识

大腿后侧的肌肉主要包括半腱肌、半膜肌、股二头肌等。这些肌肉共同的起点位于骨盆的坐骨结节，均跨越膝关节，其收缩的主要功能就是屈曲膝关节和后伸髋关节，维持身体下蹲时关节的稳定。

2 上半身向前倾，双手指尖向前触碰左脚脚尖，充分感受大腿后侧的拉伸感。换另一侧腿，重复动作至规定次数。

第一章 初识击剑运动

第二章 热身运动

第三章 佩剑基本功

第四章 佩剑基本技术

第五章 佩剑体能训练

第六章 佩剑高手进阶

⚔ 5.4.4 小腿拉伸

运动员在剑道上的前进和后退，是最基本的动作，对小腿的力量、爆发力等要求很高。对小腿进行拉伸，有助于恢复小腿肌肉的长度和弹性，使小腿在运动中保持良好的功能。

腓肠肌拉伸

扫一扫，视频同步学

同侧手臂前伸，
辅助身体平衡

锻炼目标 ⊕
• 腓肠肌

↓ 下压

1 面向瑜伽砖（也可用其他类似物体代替）站立，双脚分开，与肩同宽。挺胸抬头，两臂自然下垂。

2 右脚脚掌踩在瑜伽砖上，脚后半部悬空，并做下压动作，拉伸小腿后侧肌肉。同时同侧手臂前伸，保持水平，维持身体平衡。然后换另一只脚重复动作。

肌肉知识

腓肠肌是小腿后侧的浅层肌肉，受胫神经支配，对于人体的下蹲、直立和行走起到非常重要的作用。

教练提示

拉伸腓肠肌，充分感受目标肌肉的拉伸感。同侧手臂前伸维持身体平衡。

比目鱼肌拉伸

第一章 初识击剑运动

第二章 热身运动

第三章 佩剑基本功

第四章 佩剑基本技术

第五章 佩剑体能训练

第六章 佩剑高手进阶

锻炼目标
● 比目鱼肌

扫一扫，视频同步学

始终保持
上身挺直

肌肉知识

比目鱼肌是小腿后侧重要肌肉，位于腓肠肌内侧，从小腿后侧观察，在腓肠肌下端可以看到比目鱼肌的一部分。比目鱼肌受胫神经支配，在人体足跟地抬起中发挥作用，人体的站、走、跑、跳均能用到比目鱼肌。

① 身体直立，双脚分开，与肩同宽，两臂自然下垂。

上身向前压

② 右脚向前迈步，屈右膝，上身挺直，想象双臂扶在一个平面上。

③ 屈膝，整体向前倾斜，做下压动作，使小腿肌肉充分拉伸。然后换另一条腿重复动作。

141

✖ 5.4.5 全身拉伸

全身拉伸，是采用全身性动作，尽量使身体更多部位的肌肉得到拉伸，促进机体的恢复，提升运动表现。

最伟大拉伸

锻炼目标 ⊕
- 腿部肌群
- 肩部肌群

扫一扫，视频同步学

1 身体直立，两腿分开，两臂自然下垂，目视前方。

2 左腿向后，变为右弓步，左手掌支撑于地面，右臂在胸前弯曲。右腿膝盖不要超过脚尖，拉伸大腿后侧肌群。

3 左臂支撑身体，躯干在右臂的带动下，向右侧后上方旋转，右臂向上伸直，目光一直跟随右手。拉伸躯干肌群，保持姿势至规定时间。

4 右臂放回，两臂共同撑地，躯干平行于地面。左腿膝盖略微抬高，左脚脚尖踩地，拉伸后侧肌群。

5 动作完成，回到起始姿势，换另一侧重复动作。

始终收紧腹部肌肉

5.5 灵敏与协调练习

灵敏素质是人的各种运动技能和身体素质在运动中的综合表现，是人体应对多种变化，准确、迅速并灵活、协调地完成动作的能力。协调能力是人体在一定时空中合理配合完成运动动作的能力，与灵敏素质联系紧密，相辅相成。

侧向交叉步

扫一扫，视频同步学

整体逐渐向自身左侧平移

① 身体正直站立，腹部肌肉收紧，双臂自然下垂。

② 双臂伸直上抬至与肩部齐平位置，掌心向上。

③ 上身姿势保持不变，右脚撤向左腿左后方，脚尖撑地。

整体逐渐向自身左侧平移

④ 左脚跟进一步，身体左移，保持直立姿势。

⑤ 然后右脚再从左脚前方越过，向左一步。

⑥ 左脚向左跟进一步，使两脚并立，双手放下，回到起始姿势。换方向向右交叉平移。

第一章 初识击剑运动

第二章 热身运动

第三章 佩剑基本功

第四章 佩剑基本技术

第五章 佩剑体能训练

第六章 佩剑高手进阶

143

交替摸脚踝

1. 两脚开立，双臂分别贴于身体两侧。

2. 保持身形稳定，右脚踩地，左腿屈膝上抬，右手触摸左脚脚踝。

3. 左腿放下，换右腿屈膝上抬，左手触摸右脚脚踝。

整个动作过程中，保持上身挺直，核心收紧

4. 保持身体稳定，左腿从身后向上抬于右腿后侧，右手触摸左脚踝位置。

5. 左腿放下，换右腿从身后向上抬于左腿后侧，左手触摸右脚踝位置。

6. 回到起始姿势，重复以上动作。

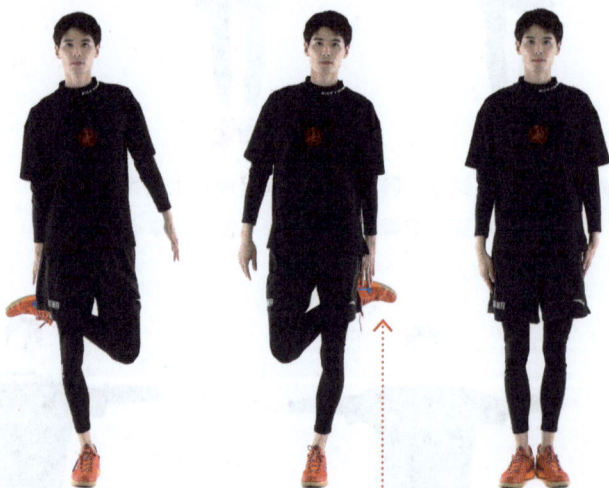

其他角度动作展示

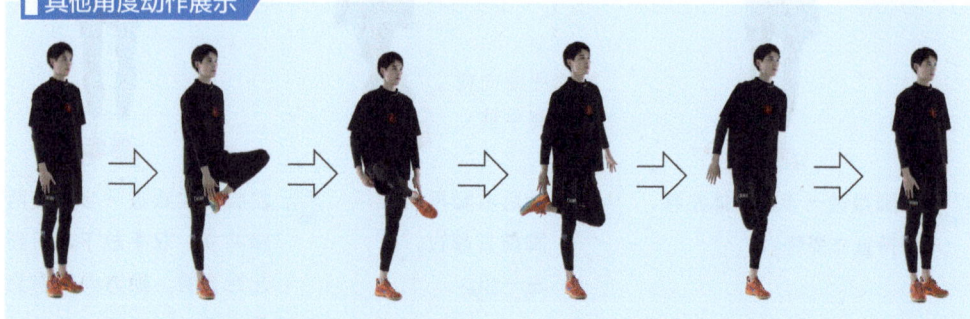

第六章

佩剑高手进阶

在掌握了基本的佩剑技术之后，向高手进发时，不仅要保持技术熟练，也要讲究战术，比如和对方保持合适的距离、适应和调整不同的节奏、把握有利的时机等。这样才能使自己处于有利的地位。

接下来，我们讲解一下佩剑高手的进阶训练内容。

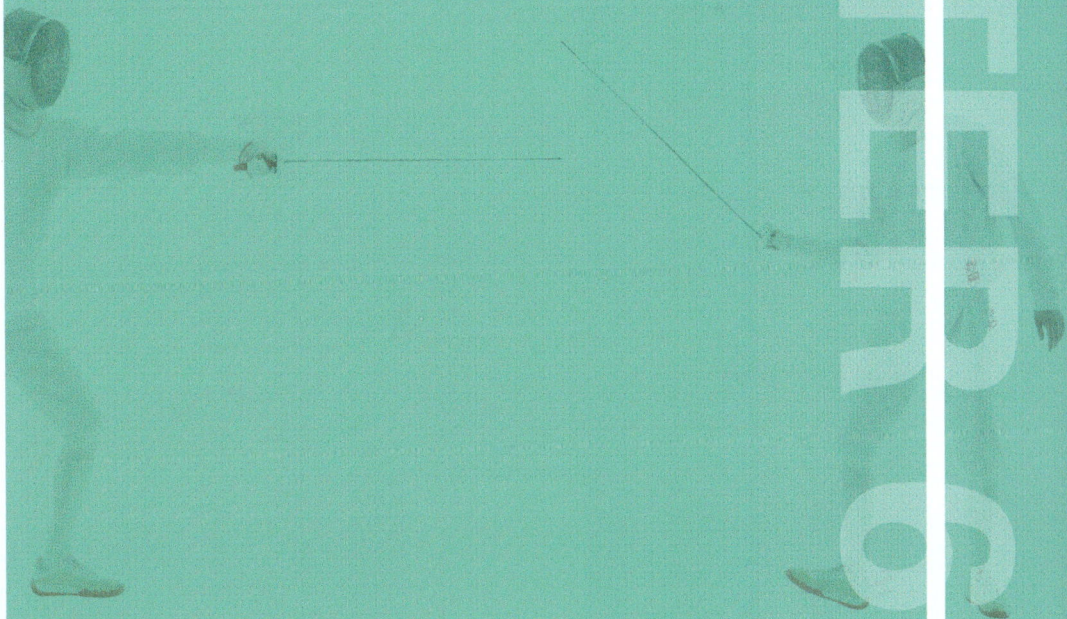

6.1 佩剑战术

在击剑比赛中，运用好战术，就成功了一半。技术是每个击剑运动员都已熟练掌握的，但每个运动员的进攻、防守都有自己的特色，对于高手来说，在比赛时，针对对方的特色进行战术调整，是获胜的关键因素。

6.1.1 时机练习

时机，是指对自己有利的，带有时间性的客观条件，击剑时机则是指击剑的实战和比赛中对运动员发起攻击最有利的一瞬，运动员利用这个时机果断出剑，以击中对方。时机很重要，但并不是每个运动员都能抓住，这需要运动员有好的时机感以及敏锐把握时机的能力。时机感，是运动员在实战和比赛中，通过自身的观察、分析和判断，对时机出现的预知和感知能力，它需要运动员在专注力、观察力、反应能力等方面有良好的表现。因此，时机感的培养很重要。下面我们就提供一些培养时机感的方法。

1. 注意力的练习和培养。

这里指培养长时间的注意力。击剑比赛的每一分都很重要，整个过程中，不错过一个时机，也不能轻易让对方抓到时机，因此运动员时刻处于精力高度集中的状态中。能否保持长时间注意力，对比赛很重要。

注意力的培养，贯穿于整个击剑的教学和训练中。每次训练，都需要运动员保持高度注意力，即使是准备活动，也不能放松。

2. 捕捉时机的练习和培养。

是指通过训练运动员的观察与判断能力，培养其对时机的捕捉能力。训练时，教练员刻意隐蔽自己的动作幅度和意图，让运动员努力捕捉自己动作节奏的变化，从中发现时机。也可以以运动的动作为主导，教练员根据其动作做出应对动作，让运动员找时机攻击。

具体的练习中，教练员要根据实战需要，给出合适的信号，培养运动员的动作应变能力，在应变中寻找时机。训练的进行可以从简单到复杂，从单一的手上动作或脚上动作，过渡到眼、手、脚的配合动作，从单个信号练习，过渡到多个连续的信号练习。

3. 从实战中培养时机感。

多多从实战中练习，培养时机感。可双人练习，设定一些练习条件，如只能靠移动调节距离来创造攻击时机，而不是剑上防守，或尽量在一步弓步内击中对方等，以此培养时机感。可以肯定的是，大量的实战，尤其是水平相近的运动员之间的实战，对时机感的培养很重要。

时机感对击剑运动至关重要，能否感知时机、抓住时机，是运动员能否取胜的关键所在。时机感既依赖于先天条件，也依赖于后天的培养，因此通过多种方式培养时机感，是击剑运动员必须要进行的功课。

6.1.2　距离练习

全身击剑比赛所有技战术的前提就是控制好距离。

1. 不同距离和不同节奏的直接劈刺头练习。运动员与同伴练习。同伴在移动中无预兆地给直接劈头信号并随机完成以下不同距离变化。练习者保持好距离，根据信号和距离完成原地、向前一步、向前两步、弓步、向前一步弓步等各种距离的直接劈头练习。通过练习提高正确掌握动作要领的能力，提高技术质量，并初步建立捕捉有利距离和时机的进攻意识。

2. 两个人保持好距离，一方主动前进或后退，另外一方始终跟进保持变化，根据对方的速度快慢保持距离，脚下积极主动连贯。步法大小与快慢根据主动方而去调整。

3. 进行距离防守练习，培养好的距离感。距离感可以帮助运动员保持适当距离。距离感的建立依赖于大量的技术训练和丰富的实践经验，它取决于武器种类、手臂的长度、脚步的深度以及动作的速度。距离感是不断适应对手移动速度的能力，以及适应其节奏、步幅和方向改变的能力。

距离防守最大的好处就是以距离为前提，当你用战术或者后退中先退到对方进攻刚好打不到或者看准对方出手的位置，而手上做出相应的防守动作。根据距离以及对手的速度、力量、节奏，防守还击的时机也会有快慢区别。

第一章 初识击剑运动

第二章 热身运动

第三章 佩剑基本功

第四章 佩剑基本技术

第五章 佩剑体能训练

第六章 佩剑高手进阶

⚔ 6.1.3 节奏练习

击剑的节奏，是指运动员利用特定的时间和空间，将移动的快慢、移动的方向等因素结合起来，形成自己的节奏，打乱对方的节奏，使自己处于有利的掌控地位，最终使自身技术得到高水平发挥，从而击败对方。节奏是击剑中重要的战术，可以根据实战情况进行调整和变化，运用地好，就会使自己居于主动地位。

节奏的练习，可以通过多种练习方式来进行。具体如下。

1. 进行适应移动速度变化的练习。

该练习以移动速度的快慢变化为手段，提升练习者对速度变化的适应能力。两人搭配进行训练，教练员有意识地主导移动速度的快慢变化，练习者集中精力，配合练习。移动方向以前后为主，练习向前、向后的快速启动。注意步法的流畅、协调，并保持适当距离，手臂动作也要稳定配合。

2. 进行出手速度变化的练习。

该练习以出手速度的快慢变化为手段，即进攻与防守还击的出手速度，来提升练习者进攻与防守的准确性。两人搭配进行训练，教练员有意识地结合绝对速度和相对速度，对练习者进行训练。在对速度变化的适应中，练习者对速度的感知和判断能力得到提升，进攻与防守的准确性得到提升。

3. 进行攻击点变化的练习。

该练习以攻击点的变化为手段，培养练习者针对不同攻击点的应对方法。两人搭配进行训练，教练员打出有一定变化规律的攻击点，再打出无变化规律的攻击点，练习者根据实际情况应对并积累经验。这样在实战和比赛时，能够做到有效抑制对方的攻击。

通过这些练习，运动员既能培养自己适应对方节奏、应对对方攻击的能力，也能培养打乱对方节奏、形成自己节奏的能力。无论在技术上，还是心理上，都能变被动为主动，使自己居于有利形势中，最终获取胜利。

6.2 仗剑走天涯

这里讲述我个人击剑生涯中6个令人印象深刻的比赛故事。虽然都是过去的赛事，但从赛事中吸取教训、获取经验，从而提升个人技战术，是每个击剑运动员都应该做到的事情，这也是学习击剑很重要的一部分。

6.2.1　2015年波兰男子佩剑世界杯

2015年波兰男子佩剑世界杯是我印象比较深刻的一场比赛。比赛进行到16进8时，我碰到的对手是一位韩国选手，他也刚刚16进8，而且赢的是种子选手，实力不容小觑。

刚开始比赛时，我按照自己一贯的打法和他对抗，但在打了4到5剑的时候，就发现自己的速度和力量都不及对方，跟不上对方的节奏，很快就以8∶2落后。虽然后面我试着提高或放慢速度，但都不奏效。

在这样稍稍落后的情况下，到了中场休息时间。这时教练就建议我赶紧调整节奏，可以再提一点速度去对抗。我当时考虑到，在已经提速的情况下，仍没有占优势，不如想一想别的国家的高水平选手是怎么对付韩国选手的，可以借鉴一下。然后就想到俄罗斯的一位选手，我曾经练习过这位选手的启动，而且这个启动方式也比较适合我。

这位俄罗斯选手启动的特点是一步半，比如裁判说预备开始的时候，他前脚先点一下，然后再启动一步步法。不要小看这先点的一步，因为我在和韩国选手对战时，用一步慢启动时，总被他突然加速反扑，我想要从一步慢变为大弓步时，又被他突然拉开，总处于被动局面。而一步半启动，可以让我在点完这一步的时候，向前一步时向前跟进，刚好能对上对方的节奏，能保持对攻。保持对攻至少可以保证不丢分，这一点很重要。

在接下来的对抗中，我采用了一步半启动，就突然可以跟进和防守了。对方速度很快，这样在他突然向前的时候，我跟进就可以击中。就这样慢慢地，我开始一剑一剑地往前追，追了四五剑之后，这一套就不管用了，对方用大弓步扑我。我告诉自己，在保证对攻的情况下，不能再给对方造成发挥优势的机会，于是就改变策略，对攻时，突然抢他，或突然跟进，或一步点地一步慢，或突然多拉一步，这样就能把他引出来，抓住时机。这样我的比分就又开始追上来，对方开始急躁了。

到了关键时刻，我俩都不敢打防守反击，不敢后退，只能对攻，以期在对攻中寻找时机和变化。这一场打的时间太长，其他比赛都结束了，只剩我们俩这一场了，我们的对攻也总不得分，彼此都比较急躁。此时我告诉自己千万要忍住，不能急躁，听裁判口令。当时我们已经各自有一张黄牌在身，如果早启动，又要被罚，结果对方着急了，在裁判喊开始前身体动了，被罚了一张红牌，我又领先一分。

在比分为14∶13，我领先的时候，双方情绪都开始稳定下来，一直在对攻中寻找

第一章　初识击剑运动

第二章　热身运动

第三章　佩剑基本功

第四章　佩剑基本技术

第五章　佩剑体能训练

第六章　佩剑高手进阶

机会。这时我下定决心防4，因为对方经常打我的4号位置。我告诉自己要果断，敢做一定会赢，再拖下去就有失分的危险。果然，在裁判喊开始的那一刻，我往前点了一下，假装向前一步对攻，然后突然停住，进行防4还击。果然，双灯亮了，比赛以我的获胜结束。

这场比赛是我个人的最好成绩，进入了世界前八名。从这场比赛中我总结出以下经验。

第一，如果遇到节奏对不上的对手，一定要敢于改变。

第二，平时一定要多看一些其他国家选手的比赛，从中吸取经验。每个国家、每个选手的特点都不一样，从中寻找和自身比较契合的特点，进行练习，作为备选，在关键时候就可以用得上。

第三，关键时刻一定要果断、勇敢。此时心态很重要，不能急躁，良好的心态会让自己后面的发挥越来越好。

6.2.2　2014年韩国仁川亚运会

在这次亚运会上，我第一次在亚洲、在世界上取得了个人第三、团体第三的成绩。这次比赛之所以印象深刻，是因为从小组赛开始，我就感冒了。但我告诉自己，要调整好状态，只要将以前的水平发挥出来就可以，拼好每一剑。

小组赛有6人，别人打的时候，我在场下会认真观察每个选手的特点。虽然有些人你在这场碰不到，但他们和你并不是毫无关系，后面也许会碰到。你可以观察他们的速度、弓步的深度，以及他们对攻时喜欢打3还是打4。这样到自己上场的时候，和对方交锋时，这些观察结果就可以利用起来了。比如对方喜欢防4，你可以多打3。正是这种对细节的观察和分析，带给我很大的帮助，让我避开了关键的几剑，拿到小组第一。

通过这次比赛我就认定，从小组赛开始，每一位对手、每一剑都和自己有关系。打完小组赛，要再去看一下单败淘汰赛中你即将碰到的两个人，看一下他们的比赛，了解他们的特点，知己知彼，百战不殆。

⚔ 6.2.3 印象深刻的国内大赛

这次比赛是团体赛。在国内举行的大赛都是国内选手，大家彼此之间很了解对方的打法和特点。和其中一个老对手的比赛让我印象深刻。

在和这位老对手的对抗中，有几次我在收底的关键时刻，都以一剑输给对方，这让我在心理上有一些障碍，每次碰到他，越是到最后的关键时刻，就越是考虑很多技战术，会猜测对方的战术同时过度思考应对方式，这导致我前几次对抗都失利。

后来我意识到是我的心态和战术出了问题。比如在关键时候，我总是想赶紧结束比赛，因此在预备开始的时候，我的动作都太快了，容易暴露自己的动机。比如预备开始，向前启动，我一步启动就想着防对手，提前暴露了自己的所有动作。这是致命的错误。对方只要稍微控一下节奏就会打到我。

在后面的比赛中，又到了赛点，也就是一剑定胜负的时候，这时我就反复告诉自己不要想太多，要果断去做。我的预设是一步准备，一步启动慢准备向前，启动慢准备压住，做第二意图的防守反击。当我刚想做这个动作的时候，对方一个大弓步跨过来，此时我很难防守，于是就一步直接变成对攻的抢攻，最后获得了胜利。

这次比赛之所以能够最后一剑取胜，第一是因为决定很果断，第二是因为没有太早暴露自己的动作。如果在以前，我不会一步慢启动，而是会后脚突然强启动，恐吓对方，让他感觉我要和他打对攻，接防守。结果对方不上当，每次都会避开。这次我采用了慢启动，就成功了。

⚔ 6.2.4 奥运会积分赛

在一次亚洲锦标赛、奥运会的积分赛上，我以15∶14赢了一位哈萨克斯坦选手。这次对抗之所以记忆深刻，是因为一开始的时候，前8剑的节奏都在我这边，而后面却被对方追到14∶14平。

在和对方的对抗中，我以一步慢启动和他形成对攻，相持后，抢先抓第二个节奏去攻击，这样即使打不到他，后退时也会很有耐心。这样我领先了3~4剑。后面的8剑，对方在对攻当中，基本没有第二意图，只是想办法和我对攻，在对攻中扑我，相持时主动打我，不再后退。在这个过程中，我的攻击偶尔会被对方防到，节奏就被他拉回。即使我想防守，也因为时机把握不好，最后被追到12平。此时我告诉自己，如果没有十足的把握，不要轻易做防守。因为一着急，我的动作就快，动作会比较简单，陷入被动局面。如果这样继续下去，就输了，一定想好了再启动，然后用80%左右的力量和对方保持对攻，这样可以保持不丢分。于是我将启动换为两小步启动，两小步启动可以变防守，变跟进，甚至变第二意图的第二次再转换。如果太快，很容易停住而被对方攻击到。就这样持续了好几剑对攻，互不得分，此时需要的是耐心。

以前我看过对方的比赛，知道他在最后总喜欢防守。因此到了最后14∶14的时

第一章 初识击剑运动

第二章 热身运动

第三章 佩剑基本功

第四章 佩剑基本技术

第五章 佩剑体能训练

第六章 佩剑高手进阶

候，感觉对方要最后一剑防我。他先打了一剑对攻，此时如果我同样以80%的速度启动，假如去打他的头，我的剑尖只要快一点点，就恰好被防到。结果我以80%速度启动，但出手速度慢了一些，假装打对方的头，趁其防头的时候，从他的剑旁直接往下一绕，打到了对方，就这样获取了关键的一分，以15∶14获胜。

因此，这一剑并不是所谓的好运气，而是我有预先的设想，出手速度没那么快。所以在比赛中，第一，要了解你的对手；第二，即使有些选手平时你没碰到过，但在比赛中会看到他和别人比赛，要记住他的特点。比如这位哈萨克斯坦选手，小组赛时我就看到过他的表现，知道他最后喜欢防守，因此在比赛中碰到时，有意避免他最后的防守，不要打太快，假装打他的头，结果从头往下绕过，正好躲过他的剑。

✕ 6.2.5　2012年第一次成人比赛

这是我的第一次成人比赛，获得全国锦标赛第二名。这场比赛最后我输给了师兄，但却为后来我的比赛增加了很大的信心。

此前的比赛中，我一直认为，如果想取得好成绩，前面就要失败很多次，但这次比赛改变了我的想法。

这次比赛，我赢了3位国家队的师兄，他们都是种子选手。之前的比赛，基本上每次16进8都会遇到他们，只有赢了他们，才能进入前4名。这次同样会遇到他们。我的策略是不要急着去冲，而是要稳住心态，能打到一剑就赚一剑，踏踏实实地打。

第一场碰到一位身高比我高的师兄，在对攻中我占不了优势，打节奏也打不过他，因此在相持完之后，后退时，每一剑我都拉到底线。因为师兄上一场比赛的体力消耗很大，而且刚刚复出，体能下降了一点点。所以我想每次拉到底线时，机会可能也会多一些。果然这一招很奏效，有时能防到，有时能拉开距离，这样来来回回之中，移动起来，靠步法和距离，加上耐心，慢慢战胜了师兄。

第二场比赛，遇到的是另一位师兄。这位师兄的速度快，爆发力强，因此不能和他拼速度。我将一步半启动调整为两小步启动，这样可以先保证能和师兄对攻。师兄对攻形成弓步的速度特别快，总是能打我进攻反攻，因此我不能总是扑他，而是用两小步寻找时机跟进。但每次都会被他引出来。我就告诉自己，不能像打其他人一样，用正常的速度去退，而是要在打空之后，立刻去封闭对对手的距离，给他以压力。这一招果然奏效，无论是反攻，还是在他加速后突然抢攻，打了几剑之后，我取得了一定的优势，师兄就有点着急了。而我越要保持沉稳，不能慌张，因为对手很强，经验很丰富。后面我继续用距离找机会，一剑一剑地死磕，完全专注于对方的节奏，根本没注意比分。最后赢了的时候，我还不知道比赛已经结束了。

最后在进行冠亚军比赛的时候，我与对方的比分十分胶着，相持不下，打到14平。那会儿我已经没有什么思想包袱，完全放开去拼，最后两人对攻相持完，我用一个大弓步赢得了比赛。

第一章 初识击剑运动

第二章 热身运动

第三章 佩剑基本功

第四章 佩剑基本技术

第五章 佩剑体能训练

第六章 佩剑高手进阶

经过这次比赛，我战胜了好几位师兄，深刻意识到心态的重要性，要敢拼敢做，而不是有十足把握才去打。比赛中，一切皆有可能，要抓住对方特点，不要放弃，领先时不要大意，落后时不能焦躁，全力打好每一剑。

⚔ 6.2.6　世界杯团体比赛

以前，我们在世界杯上碰到俄罗斯队，从来没有赢过，但在那一次我和队友们发挥得都很好，赢了俄罗斯队，所以，我印象非常深刻。

每个国家运动员的打法都不一样，俄罗斯选手的打法，从整体上来说第二节奏和对攻中控都非常好。我当时对战的选手，喜欢垫一步进行一步半启动。我的一步半启动就是跟他学的。他能形成对攻，只要跟他打的人快一点点，他就垫一步直接防守。所以，他的防守非常厉害，和他对抗的人，都会被他防好几剑。因此我就告诉自己，在和他对抗时，不能大弓步。在对攻时，要进攻他的时候，我的弓步就小了很多，他每次都能防到我，但是我打完了迅速把身体和头往后撤，对方就刷空了。刷空两三剑之后，我抓住进攻机会打到了他，局势就开始好转了。后来对方在对攻中着急了，想拉开距离直接攻击我，我便耐心拉开距离，等他来打空，最后得了好几分。

另外两个俄罗斯选手的打法又不一样了。和上一位选手打的时候，我和他一样先点一下，再向前一步保持同样的速度对攻，而且千万不能用最快的速度出手，越快他防得越干脆，所以基本战术是保证对攻不丢分，再去改变。但后来遇到的一位选手，就不能采用这种打法了，而是需要采用一步慢的打法。因为对方个子很高，是一步慢启动。我也是正常一步慢启动，这样节奏就对上了，打得很顺利。队友在双方44平进攻时，我的队友一个进攻打到对方，虽然对方防到了，但是没亮灯。就这样我们中国

团体战胜了俄罗斯团体。

这次的胜利，是因为集体的力量，我们每个人都咬紧了牙关，认真对待每一剑，每次领先他们一两剑，他们想追的时候，都被我们顶住了。另外，对方团队可能轻敌了，认为自己水平比我们好，不够谨慎。事实证明，无论经验多丰富，能力多强，都不要轻敌。

这次比赛中，我得出的经验是：第一，不能轻敌，从比赛一开始就要紧磕比分，认真对待每一剑；第二，对于我们来说，无论碰到谁，都要努力去拼，努力去争取，因为赛场上一切皆有可能，比如这次，我们就战胜了他们，第一次进入世界杯的前四名，也突破了当时2013~2016新组成的男子佩剑团体的最好成绩；第三，相信队友，相信团队，他不行我上，我不行他上，这样始终相信彼此，大家拧成一股劲儿，才是团队精神。

第一章 初识击剑运动

第二章 热身运动

第三章 佩剑基本功

第四章 佩剑基本技术

第五章 佩剑体能训练

第六章 佩剑高手进阶

作者简介

孙伟 全国击剑锦标赛个人冠军

2010年全国青年击剑锦标赛男子佩剑个人、团体冠军

2013年西班牙马德里击剑世界杯团体亚军

2014年全国击剑锦标赛个人冠军

2014年韩国仁川亚运会男子佩剑个人季军

2015年全国大学生击剑锦标赛团体冠军

2016年亚洲击剑锦标赛男子佩剑团体亚军

2016年代表中国参加里约奥运会

2017年第13届全运会预赛第三站个人赛冠军

2017年第13届全运会击剑男子佩剑团体季军

2018年雅加达亚运会火炬手

2021年第14届全运会击剑男子佩剑团体亚军